会说话的历史

VIRAL MYTHOLOGY

[美]玛丽·D.琼斯
拉里·弗拉克斯曼 著

兰岚 李芳 译

黑龙江出版集团
黑龙江教育出版社

版权登记号：08-2017-036

图书在版编目（CIP）数据

会说话的历史 /（美）玛丽·D.琼斯（Marie D. Jones），（美）拉里·弗拉克斯曼（Larry Flaxman）著；兰岚，李芳译.——哈尔滨：黑龙江教育出版社，2017.3
ISBN 978-7-5316-9155-6

Ⅰ.①会… Ⅱ.①玛… ②拉… ③兰… ④李… Ⅲ.①世界史-通俗读物 Ⅳ.① K109

中国版本图书馆 CIP 数据核字（2017）第 057219 号

Viral Mythology © 2014 by Marie D. Jones and Larry Flaxman.
Original English language edition published by The Career Press, Inc., 12 Parish Drive, Wayne, NJ 07470, USA.
Simplified Chinese edition copyright © 2017 by Heilongjiang Education Publishing House.
Simplified Chinese rights arranged through CA-LINK International LLC.
ALL RIGHTS RESERVED.

会说话的历史
HUI SHUOHUA DE LISHI

作　　者	[美] 玛丽·D.琼斯　拉里·弗拉克斯曼　著
译　　者	兰岚　李芳　译
丛书策划	王毅
责任编辑	宋舒白　张培培
装帧设计	Amber Design 琥珀视觉
责任校对	张爱华

出版发行	黑龙江教育出版社（哈尔滨市南岗区花园街 158 号）
印　　刷	北京鹏润伟业印刷有限公司
新浪微博	http://weibo.com/longjiaoshe
公众微信	heilongjiangjiaoyu
天 猫 店	https://hljjycbsts.tmall.com
E－mail	heilongjiangjiaoyu@126.com
电　　话	010—64187564

开　　本	700×1000　1/16
印　　张	18
字　　数	175 千
版　　次	2017 年 5 月第 1 版　2017 年 5 月第 1 次印刷
书　　号	ISBN 978-7-5316-9155-6
定　　价	38.00 元

谨将此书献给马克斯·琼斯和玛丽·艾莎·弗拉克斯曼。

过去和现在的信息可以为他们塑造更美好的未来。

愿他们合理利用。

VIRAL MYTHOLOGY │目 录│

序言一	集体意识和云计算	001
序言二	一位富有冒险精神的埃及古物学者对古代象征符号的解读	010
引言	病毒式传播	016

第一章	信息来了：我们是如何传播信息，又是如何获取信息的？	001
第二章	每一幅画都在讲述一个故事：图像、艺术和象征符号	031
第三章	关于众神和女神：文字世界的崛起	061
第四章	很久很久以前：故事、传说与传奇	103

| 第五章 | 神秘古物:超越时空存在的事物 | 137 |

| 第六章 | 隐藏的智慧,不为人知的真理 | 161 |

| 第七章 | 外部来源:远古外星人、不可见区域及其他外界信息来源 | 195 |

| 第八章 | 我们生活的故事:当今社会的观点如何转化为未来"病毒式"传播的神话 | 219 |

结论　　239

致谢　　247

参考文献　　250

索引　　254

序言一

集体意识和云计算

请大家花一些时间看一看自己的智能手机、笔记本电脑和台式电脑吧。虽然在外观和功能上各有不同,但这些设备之间通常能够进行信息交流。近年来,云计算逐渐成为发展趋势,在这种技术之下,不同的电子设备可以通过远程数据源来分享和检索数据。我认为,从某种意义而言,这与早期人类的信息扩散方式十分相似,我把它称为"宇宙云计算"理论。然而,仅仅基于考古记录中发现的物质形态的证据,我们对于信息在古代社会传播方式的认知还十分有限。

首先,需要明确的一点是,我们对历史的了解实际上非常有限。虽然在小学课本上,我们可能学过一些历史知识,但那些关于古代文化的故事,也是在近代才写成的。除了一些宗教典籍外,相比之下,记载古代人类生活和文化方面的现存的第一手资料十分稀缺。目前,我们对这些文明的认识,很大部分来源于从古迹中悉心拼凑还原的证据以及随后对文物的分析。人类对古文物的研究,绝大部分始于近几个世纪,而几百年的时间在浩瀚的人类史中只不过是微不足道的一笔。

最初作为一项兴趣爱好,这项被称为"古文物热"的研究早在公元前1000年就开始出现了。这在古希腊的典籍上就有记载,当时人们会根据石器来推断某些失传的工艺。对过去历史的考究,或许一直以来都是人类兴趣的一部分。人类在史前就开始寻找遗失的宝藏和古董,盗墓活动盛行。然而直到17世纪和18世纪,这种非正式的行为才开始逐渐转变为一门科学。

据称,最早的一批系统性的考古挖掘出现在18世纪。当时的三大挖掘遗址分别为:1738年的古罗马赫库兰尼姆和庞贝遗址、1784年托马斯·杰斐逊在弗吉尼亚州的挖掘遗址以及1798年拿破仑著名的埃及挖掘遗址。对这些遗址的探究,最终推动了此后一段时间内一系列的重大发现——从1899年苏美尔文明到米诺斯、奥尔梅克等文明的发现。

19世纪,随着古文物研究协会的形成,有组织性的考古研究开始出现。许多协会对古文物研究所遵守的基本准则,是根据文物的分类、现场记录和影像资料的利用以及公开发表的论文而制定的。也正是通过这些协会,我们见证了协作挖掘的开端,并开始关注原住民的权益。

仔细想想,愈发让人感到震惊的是,考古学实际上是一门新兴学科。考古这门科学及其相关发现,从20世纪早期才开始走进公众视野,并且一直在不断发展壮大,这推动了考古史上的一些重大发现。作为一门科学和一项事业,考古学仍然处于不断发展中,我们对历史的认知程度也在不断进步。那么,考

序言一

古学是如何来诠释古代社会神话、传奇、艺术、社会阶层以及宗教信仰等传播方式的共同之处的呢？考古学所做出的解释并不够充分，而且此时下结论为时尚早。随着我们对过往历史认知的不断改变，我们的理论和对此做出的解释也在发生变化。

美索不达米亚是开始考察古代历史中信息传播方式的最佳地点。这片区域包括现处于伊拉克境内的底格里斯河和幼发拉底河交汇流域。公元前4000多年前，史上最早的城市文化开始形成。这些早期的文明包括苏美尔人、阿卡德人、巴比伦人、亚述人等人创造的文明，他们有详细记录生活细节的传统，因此，人们通过记录对这些文明有了大量了解。

公元前4000年前的最后一个世纪里，无论是文化还是人口数量，美索不达米亚和埃及都有了飞跃性的发展。眨眼之间（大约300多年），我们见证了复杂的社会结构、宗教理论以及书面文字的诞生。究竟是什么导致了这种飞速发展呢？这是一个未解之谜，也是学者们热议的话题。然而，其中一个流派认为，这些文明的进步是由西亚入侵者带来的。还有一些研究人员相信"亚洲侵略论"的存在，认为亚洲入侵者导致了早期非洲文明的转变以及王朝根基的建立。在考古学记录中并未找到确凿的证据来证实以上这两种理论。然而，这并不代表二者之间没有联系。埃及和西亚文化之间存在着千丝万缕的联系，这一点毋庸置疑。远洋航队的发展壮大，加剧了两种文化的频繁接触。许多研究人员认为，短短的一段时间内，这些地区间的联系之所以大大加强，正是得益于此。

关于美索不达米亚和埃及文化的高速发展，另一种观点是人们对灌溉的需求，即人们对水资源的竞争加剧了对劳动力的需求，而对日益增长的劳动力的管理，则刺激了社会体制的发展，这最终导致国家上层建筑的崛起，庙宇和政治中心的建造，也正体现了这一点。随着经济活动日益集中化，人们愈发需要一个不断发展的复杂记录系统，比如我们发现的苏美尔人圆柱形印章和成百上千个楔形文字石碑，这些都是用来记录当地及远途商业贸易的。

反过来，对工作专业化的需求，比如书吏、工匠、管理者、神父以及其他统治阶级高官，也体现了从使用部落法律到政权更为集中的必要转变。这种转变通常被称为"城市革命"，而这种转变可能是导致特定区域文化统一的原因。

信息为什么能在跨地区的不同种族之间传播开来，用上述理论来解释似乎合情合理。但是，如果你考虑过下面这一点，那么你就不会这么想了：大约同一时期，在地球的另一端，另一些文明在科技、艺术和其他社会层面也出现了类似的高速发展期，以奥尔梅克文明为例，根据考古学记载，奥尔梅克文明是在公元前1200年左右突然出现的。但在那个地区，似乎并没有发现当地文化逐渐发展的过程。显而易见，对于奥尔梅克文明的起源或发展，我们无法简单地做出解释。据我们所知，这种文明在公元前1200年至公元前800年间迅速发展壮大。奥尔梅克文明的符号和手工艺品在许多不同的区域均出现过，比如，洪都拉斯和哥斯达黎加。难道，形成奥尔梅克文明的艺

序言一

术性和创造性的因素是在别处酝酿而成，而后才被转移到墨西哥的？

一些研究人员认为，真实的情况也许就是如此。他们甚至还指出了中美洲和美索不达米亚文明在艺术和神话方面的共同之处。他们中有少数的人甚至得出了这样的理论：这些区域信息传播之所以那么迅速，靠的是看不见的外来文明的力量。可以认为，这种理论纯属猜测和臆断，因为，正如我们发现这些文明拥有很多共同点一样，它们之间的不同之处也非常多。比如，许多古代文字系统都属于象形文字，但经过深度研究，人们发现它们之间还是存在着很明显的区别。

那么，关于信息在古代社会的传播，考古学都教会了我们什么？其实并没有那么多。我们看到的或许只是主流考古学家和历史学家企图说服我们相信的。而最终，历史的绝大部分仍旧是个谜。托马斯·爱迪生曾说过："对于世间万物，我们掌握的知识还不及百万分之一。"我敢大胆地说，这是一句很客观的评价。像玛丽·D.琼斯（Marie D. Jones）和拉里·弗拉克斯曼（Larry Flaxman）在本书中所做的研究那样，只有采用跨学科手段进行研究，我们才能获得对人类历史的宏观认知。我个人十分热衷于科研合作，这就是为什么我认为，古代历史中信息传播的研究应更侧重精神和哲学层面，而非纯考古学方面。

正是在这种情况下，我提出了"宇宙云计算"理论。坦诚地说，这种理论并不能完全在考古学记载中找到理论支持，但在玄学、心理学、生物学以及量子理论等其他学科中，这种理论能够找到部分依据。勒内·笛卡儿认为，世界上只有一种清醒的意识。卡尔·荣格在该理论基础上进行了扩展，引入集体无意识概念。鲁珀特·谢尔德雷克（Rupert Sheldrake）等当代科学家表示，一般而言，人类拥有一种天生记忆，这种记忆被称作"心灵感应"。所有的这些理论指明，世间万物均存在内在的联系，所有的物种之间都有可能存在集体记忆。

亚里士多德曾说过："自然界会以最简洁的途径进化发展。"不要通过填补空缺的方式来了解过去，让我们用"奥卡姆剃刀"理论（Occam's razor）来剖析过去文明的复杂产物，试着去了解深层的基础概念，比如"黄金准则"。大多数人对这种基本的道德观非常熟悉，即我们希望自己被他人如何对待，那么我们就要如何对待他人。下列表格展示的是这种观念在不同文化、不同时期和不同地域环境下的多种形态。

黄金准则的共性

儒家思想	己所不欲，勿施于人。 ——《论语》（Analects） 15:23
佛教	不要用自己的痛苦折磨别人。 ——《法集要颂经》（Udana-Varga） 5:18
印度教	如果做某些事会使你感到痛苦，那么请不要对别人做这样的事情。 ——《摩诃婆罗多》（Mahabharata）5:1517
拜火教	对自己不利的事，也不要对别人做。 ——《合法和非法论》（Shayast-na-Shayast） 13:29
古埃及	不要对别人做那些令你感到厌恶的事。 《聪明农夫的故事》（The Tale of the Eloquent Peasant）109—110，翻译自公元前664年至公元前323年末期的《埃及莎草纸》（Egyptian papyrus）。
古典异教	我如何对待他人，希望他人也如何对待我。 ——《柏拉图》

序言一

续表

犹太教	不要对你的同伴做你憎恶的事。这是基本准则，其他的都只是注解。 ——《塔木德，安息日》（Talmud, Shabbat） 31a
基督教	你想要他人为你做任何事情，先要用相同的方式对待他人，因为这是基本法则和预言。 ——《马太福音书》（Matthew） 7:12（英皇钦定版）
伊斯兰教	一个人做到待兄弟如同自己时，他才能够配得上人们的信任。 ——《穆哈伊丁·瑙威圣训四十段第13条》（Number 13 of Imam Al-Nawawi's Forty Hadiths）
美洲原住民	不要对邻居无礼，更不要憎恨你的邻居，因为你委屈的不是他人，而是你自己。 ——《皮马谚语》（Pima proverb）

所有的这些例子风格各异，复杂多变，用自己特有的语言创作而成。虽然具有不同之处，但这些内容传递了一个相同的信息，即设身处地为他人着想的互惠原则。考古记录向人们展示了关于信息传播、人口迁移、贸易和人口扩张的各个方面，将这些考虑在内，仍无法完全解释上述基本观念在各种文化中的同一性问题。去掉了文化的同一性，这条信息所传达出的意思仍然是一样的。难道要我们相信"黄金准则"是一种本能？是一种天生的准则？如果是这样，那么它的源头在哪里呢？

荣格认为，人类通过象征符号经历了无意识状态，这包括所有艺术、音乐和语言，无论是书面的，还是口头的。考虑到这些象征符号所表达的潜在主题有着惊人的相似之处，也许在信息转化的过程中存在着一种集体记忆，或者是存在着希腊神话中所提到的模因。这种集体记忆或者模因通过人类的创造得到普遍传播。

在整个过往历史乃至当今社会，原型象征都在神秘地传播着。然而，这并不是关于某一特定影像的传承，而是一段共同意识的经历。个体感知、共同意识和象征主义之间所产生的互动，丰富了我们的生活，促进了个人的发展和成长。

  回到我之前提出的云计算类比观点，想象这个世界存在一个充满了无限数据的公共意识。所有在设计和功能上独一无二的有机生物，都能以某种方式联系在一起，即它们可以将信息输入"宇宙云"，来发送和检索数据。同理，我们相互之间可以进行交流，但是要做到这一点，需要一种媒介或者使用某种符号。具体使用哪种媒介或哪种符号，取决于一些因素，这些因素因我们各自能力和极限的不同而不同。然而，通过"黄金准则"这个例子可以看出，一个有着神秘起源、包含着相同含义的信息仍然能蕴含于符号的深层含义当中。甚至在个体或整个文明消亡之后，核心信息仍然能够呈现出同一性，并继续传播下去。信息不会随着计算设备和有机体的消亡而消亡，就好比，如果你的笔记本电脑无法正常工作，可以确定的一点是，人们仍能在世界其他地方登录自己的邮箱，在线进行工作。

  人们在旅行、互相沟通的过程中传播了观念和象征符号，这是一个无可争议的事实。这一点不仅在考古学记录中得到了印证，而且在许多其他研究领域也得到了论证。同理，我们的智能手机能同步平板电脑，我们的平板电脑也能与我们的笔记本电脑同步，等等。这些数据的传播看起来是纯物理方式。如果一些人观察过两部智能手机之间的数据共享过程，然而并没有看到或理解这个过程背后看不到的细节，那么对他们而言，

序言一

两部手机之间仅仅是独立沟通,因为它们采用了相似的设计,具有相似的功能,并且彼此间距离较近。在本质上而言,这就是我们现在所做的事情,我们将精力完全集中于古代文化遗留下来的物理或物质性的证据。我们从文物中分析得出信息,而不仅仅是调查研究。这些观点并非相互排斥的,就像现代计算设备,我们距离很近的时候,能够通过物理方式共享信息。但我深信,这里面也有看不到的、非物质方面的因素,就像勒内·笛卡儿、卡尔·荣格和谢尔德雷克的理论调查中所阐述的那样。尽管古代人受限于地理和技术条件,他们是如何迅速地传播艺术、神话和宗教中的共同之处呢?我们只能将宇宙看作一个比我们更伟大的存在,才能回答这个问题。

希瑟·林恩

希瑟·林恩(Heather Lynn)博士是一位作家、学者,同时也是一位演讲家和考古学家。她是考古学研究中真相协会的主席和创始人,同时也是很多世界考古学会的成员。她的最新著作是《人类的神学:寻找人身上的神灵》(Anthrotheology: Searching For God in Man),她在秘史、神话、神秘主义以及无意识的起源领域做过大量的研究,并发表过多次演讲。

序言二

一位富有冒险精神的埃及古物学者对古代象征符号的解读

现代社会，越来越多的人希望更深入地了解古代象征符号的意义，这些符号一直伴随着我们。在过去的几年中，我很荣幸成为这项研究中的一员。在人类发展史中，象征符号扮演着十分关键的角色，是人类起源、发展以及维持集体意识的重要组成部分。

作为人类，我们拥有自己的信仰体系，并在信仰的指引和陪伴下生活。信仰为生活指明方向，回答了那些我们认为无法解释的问题。当我们对呈现在周遭的世界心存疑惑时，信仰让我们的思绪变得平静。人类已经意识到，我们构成了一个复杂多元的社会阶层，试图将规则融入我们未能完全控制的生存环境中。人类的存在所形成的结构具有天然矛盾性，正是由于这种矛盾性，我们发现自己对周遭环境非常好奇，并急于拓展自己的意识领域。

在人们彼此之间相互影响的世界中，我们发展形成了一种

序言二

关于图标和图像的结构系统,这样就能将人类完全联系起来,无论我们身处何方,或是如何描述自己。这些形象化的描述,为这个与我们直接关联的社会,乃至更普遍的文化背景奠定了基本原则。

我们发现自己被象征符号所包围,并将它们用作与他人进行非语言层面交流的工具,而这个过程并不需要个人意识的思考。我们习惯于从个人角度出发,通过一系列的情绪、心理反应来解释符号。符号相当于形象单元,它并不一定要与物品的自然性质相似。一个单独的图像,其象征的范围可能小至某个文化要素,大至一个充分发展的、全球性的意识形态。当我们接收到符号所传达的信息时,它能够触发一种即时的、明显的潜意识反应。

使用符号交流,将信息从一个人传递给另一个人,这种方式早已在我们的社会结构中根深蒂固,并随着我们一同进化。然而,在整个人类历史上,基本的意象并没有太大差异(使用几何结构和直线线条作为参考,经过数代人流传至今)。即使没有意识到这一点,我们仍然能够辨认出数千年前的洞穴蚀刻和壁画,并将它们与我们归为一类。即使最初的起源迹象和早期的表现已经消失殆尽,它们对人类的影响力始终存在。然而,潜意识的相互影响和接受始终存在于人与人之间,虽处于潜伏状态,但将会永远存在下去。

现代埃及拥有大量古老的考古学遗迹,这在西方世界形成了对埃及神秘而深奥的学说,然而90%的古埃及仍然隐藏在时间的浩瀚沙漠之中。试想一下,仍未被发现的知识和智慧的财富,以及这些隐藏的古老知识,能给我们的信仰体系带来什么。尽管如此,如今我们能看到的,是名副其实的视觉盛宴,刺激我们的感官和情感,某些时候会引领我们进行一场穿越历史的旅程,仿佛我们曾亲身经历某些重大事件。

所有的象形文字、建筑元素以及神圣而迷人的图像,都混入了一些象征符号的声音,就像一曲精心策划的乐章,唤醒了我们内心深处的灵魂。我们被这些经历唤醒,并带入不同层次的愉悦感觉中,某些时候会有一种陌生而尴尬的感觉,但同时这种感觉又是有趣和感性的。

这样一种充满神秘感的评价,存在着很多疑问:古埃及人是否已经意识到他们艺术和建筑形式中的寓意?他们的目的是否是将能够传递并被别人解读的信息植入这些元素中?传递给那些原本并不了解托特神(God Thoth)的赫耳墨斯智慧文献的人们。

埃及的象征符号一直令哲学家和学者非常着迷,他们试图重新发掘深藏于埃及废墟之中的深奥精髓,但最终无功而返。秘密组织、邪教、宗教和劳工家庭都采用了古埃及工艺,仿佛建筑的核心就是其本身。金字塔、狮身人面像、莲花蓓蕾柱和额枋、"T"形十字章和蛇纹石冠装饰着我们社会的上层阶级,这些都模拟了失落文明中壮丽而宏伟的一面,却又再一次徒劳地试图将一种情感和心理因素倾注其中,好似权力的游戏正在进行。许多阴谋论者会同意这一点!

序言二

我探访了埃及的每个角落，追溯着那些勇于在荒凉沙漠中开辟路径的先人的脚步，有幸亲自观察了古代象征符号迁移和发展的第一手资料。而尼罗河畔早已存在的寺庙城市的智慧和知识传播范围，则随着商路的扩张一同扩大。

结合了全新环境中的新兴和神秘属性而建立起来的国家象征符号开始崭露头角。新旧符号的合并已被研究者识别出来，他们破译并理解了其中的含义。旅行者、商人、驻军部队和移民劳工将他们的勇气和生存的故事，融入了炼金术的符号，并将其带在身边。随着商路扩展进入欧洲本土，他们将自己的知识传递给欧洲人。随后，欧洲人将这些丰富的知识和神话吸收、纳入自己的故事和信仰体系中。

那么，象形符号是如何影响普通人的呢？靠的仅仅是从远处隐约可见的不朽建筑，法老的安居所，人们对死亡、惩罚、回报、献祭的恐惧？是对于未知的恐惧？人与人之间最大的影响方式之一，是向他人灌输一种恐惧——死后黑暗将攫取没有灵魂的躯壳。抑或是由国家所控制的、捉摸不透的艺术符号让普通埃及人无法理解自己在宇宙中的角色？今天的我们竟是如此不同？

为了防止遗忘，如今我们让周围环绕着相似的象征符号。事实上，我们整个生命都在以这样或那样的方式处理象征符号。在这方面，古埃及人和我们之间的差异并不大。他们同样被象征符号所围绕，日常生活的每个细节都能通过符号或一系列的几何体来表达，比如神灵、神器、神谕、法术、魔法、（全民或大众的）宗教、神殿、寺庙、佛像、法令、石柱以及耸立在城市广场上那些镌刻着现世神明和法老旨意的雕像。我们的不同之处，也许仅仅在于对特定符号的阐释。

关键在于对符号的解读：当我们赋予某些事物一种意思时，在大多数情况下，他人肯定会将其解读作别的含义。个人成长、经历或文化和宗教的影响，使我们个人的特征成为解读过程中不可或缺的一部分。无须多言，古埃及人的生活是辛苦的，他们努力工作，在那严峻、残酷、无情的土地上挣扎、幸存下来，他们对生命的期望值很低。对他们而言，在地球上生存即是为死亡，为下一次真正的生命做准备。死亡是永恒的。在冥界能够幸存、得到指引，才是至关重要的。因此，在一切事物中，符号象征如果不是最核心的，起码也处于最重要的地位。我们已经失去了感恩之心，我们认为生命理所当然，要求得到所需要的一切，并期望劳碌和顺从在死后能获得回报。因此，我们怎能够将现代世界的象征符号与古埃及象形符号进行比较？他们属于真正的女神玛特（Ma'at）——和谐、真理和正义的化身，而我们则处于混乱之中。

约翰·R. 沃德

约翰·R. 沃德（John R. Ward）博士是考古学家、人类学家、探险家、作家、演讲家和英格兰赫里福德电台主持人。他与斯科特·A. 罗伯茨（Scott A.Roberts）合著新书《还原出埃及记》（*The Exodus Reality*）。目前，约翰是吉贝尔·厄尔·西尔

序言二

西拉（Gebel eL Silsila）调查团成员，在埃及最大、最古老的采石场进行研究工作。这座采石场是在许多古埃及上层寺庙和神社的遗址上建造的。约翰和他的伙伴，居住在约旦河西岸的卢克索，那里曾经是古代著名城市底比斯，而今是著名的历史遗迹和墓葬所在地。

引言

病毒式传播

在任何社交网站上,想要找到还没有以"病毒式"传播的事物,恐怕是不可能的。这里指的并非像埃博拉病毒或禽流感那样的疾病传播,而是如病毒一般,以文字或图片的形式通过网络在世界各个角落进行的信息传播。就像大多致命的传染性病毒一样,人们一旦点开某个链接或者观看了一段视频,这种信息就会在各行各业人们的思想和内心中蔓延。接着,人们再将信息转发给朋友和家人,这些人再转发给他们的朋友和家人,如此循环往复,不断传播。

在几个小时内,15 000 000人就可以通过视频看到:一位男士正大快朵颐地吃着薯条;猫咪也能弹钢琴;天赋异禀的学步儿童用阿拉米语唱着国歌,同时还蒙着眼表演杂耍。

当今社会,信息正在以不可思议的速度在人与人之间传递。在古代,这简直如同变戏法一般。然而,即便那个年代没有飞机、火车、汽车,没有驿马快信、邮政服务,没有电话,没有电脑和网络,更没有任何技术支持,信息还是能够跨越海洋和

引言

广袤的土地,甚至是无人的荒岛,在不同的文明间传播。

看起来古代文明并没有类似病毒那样传播知识和历史的手段,果真是这样吗?

想象一下,如果没有电脑或电话,位于偏僻山林的你想要把信息传到千里之外的小镇,会怎么做呢?或许在有生之年,也不一定有人看到你发出的信息怎么办?这条信息该如何保存下来,让它有一天被人看到呢?

当然,关键就是利用当时可用的各种手段,记录并传播信息。写作、故事、神话、艺术、建筑、象征符号,甚至音乐。只要能够让信息不再局限于你那狭小的范围,任何交流形式都可以。对痴迷于精密机械的我们而言,古代用于传播信息的工具,看起来非常简陋粗糙,它将当时的知识,包括科学和历史的信息,融入童话故事、宇宙演化说、宗教寓言故事、神话和民间传说、艺术和建筑、宗教建筑和神秘物品中。回想我们在学校中了解的希腊和罗马神话,那些故事里其实蕴藏着超乎想象的大量真实内容。但真相往往隐藏于开头、正文与结尾之中,围绕一个信息或主题展开,用图画去描述事件,不带一丝复杂和冗余。神话和故事的目的就是传递信息,尽管它也是一代又一代人的精神遗产。

通过研究故事、神话和民间传说,本书展示了最原始的文明是怎样理解他们所处的世界。他们的理解程度远超我们的想象。约瑟夫·坎贝尔(Joseph Campbell)在《上帝的面具》(*The Masks of God*)一书中谈道,古代文学,包括神话,都包含着重要的科学概念和理解,也是"单一神话"形式的范例。这种范例常见于所有神话和古老故事中。古老的文学想要向我们传播那些以口头和文字的传统保留下来的信息。这些信息也会以"病毒的方式"进行传播,但由于只能通过口口相传或阅读进行扩散,所以速度慢了许多。

此外,《会说话的历史》一书还研究了"神秘古物",探寻古代神话、故事,乃至艺术、建筑、图腾和象征符号中有趣的共同主题和元素。这些故事通常以图像的形式呈现。世界各地用来描述各种自然现象,甚至超自然现象的图像,往往具有某种相似性,暗示着某种典型性的主题。为什么如此多样的文明,却诉说着相同的故事,运用相同的符号意象?即使两种文明远隔万里,也不具有真正意义上的交流手段。地域差别似乎影响甚微?难道存在某种外部力量,传播着这些共同的主题,还是这些文明踏入了一个存在于集体潜意识之中的思维信息领域?

通过作者的理解和转述,通过文化的再传播,童话故事和民间传说中真的存在严谨的科学事实吗?看似荒谬的故事中真的隐藏着真实的历史事件吗?通常,故事这种形式是用以描述自然界生老病死的过程,比如人类学家詹姆斯·弗雷泽爵士(James Frazier)所撰写的《金枝》(*The Golden Bough*)一书中,记录了有关生育习俗、魔法、人祭、自然崇拜的各种故事。弗雷泽这部精彩之作,结合了科学思考与宗教视角,呈现了贯穿20世纪的各种宗教仪式和象征主义相关研究,以及从对魔法的

引言

迷信，到宗教再到科学认知的发展过程。

本书也探讨了塔罗牌，以及其他神秘工具和象征符号的历史，这些工具和符号包含着古代的神秘信息，信息来自当时的神秘意象，以及在集权领导下秘密社团和宗教秩序所运用的符号体系。就连过去伟大的艺术品，也暗藏着科学和历史的信息，等待着一双慧眼去发现，并解读其中的奥妙。

我们还探讨了力图通过图腾和神圣几何学传播科学知识的古代考古与天文建筑、纪念碑、画作、图像。如其在上，如其在下。从巨石阵到沙特尔大教堂，从世界各地相似的金字塔形结构，到遍布于多样文明中有关外星人和某些物体的图像，远古时代的文字、图片和建筑中所隐匿的真相，仍等候着我们去发掘。

《会说话的历史》讲述的是我们传播真相以及散播传闻和理论的方式，而这些传闻和理论又可以为阴谋论、神话和传奇提供素材。真相隐匿于那个时代的艺术、建筑以及其他让人产生想象力的产物中，从而避开那些不希望真相泄露者的注意。本书也阐述了基于人们对过去和现在的理解，我们所讲述的故事是怎样塑造与刻画未来。当下的故事将成为下一个时代的现实。如今，塑造我们生活的信息就是新的神话，有一天将会被未来的文明所发掘。他们也会好奇，在我们的时代，信息是如何在粗糙的技术条件下疯狂地进行传播的。今天的科学知识和历史事件，有一天也会成为未来世界中渴望了解过去之人的学习材料。他们就像如今的我们一样，会回望过去，好奇我们所传达的信息描述的是不是事实，是不掺一点虚假的事实，还是在我们对世界理解的基础上所虚构的故事。

像我们一样，他们会好奇，信息是如何在故事、电影、电视节目、小说和书籍等形式中记录下来的。像我们一样，他们会尝试设想我们这些古代原始人的生活图景。

我们就是他们的过去，我们传播信息的方式就是他们的教科书。毫无疑问，这本教科书中承载着文字、影像和内容，它们以语言或歌谣的形式向人们展示了我们过去的生活方式。

VIRAL MYTHOLOGY

第 一 章

信息来了：我们是如何传播信息，又是如何获取信息的？

问：在古代，人们靠什么方式传播信息？

答：靠步行。

——答案网（Answers.com）

任何一种成功的社会流行态势，都严重依赖拥有独特罕见天赋的人。

——马尔科姆·格拉德韦尔（Malcolm Gladwell）

这是一本关于信息的书，信息是什么，它是如何传播的，它为什么会传播？如果没有信息，我们什么事情都无法知道，也没有能力表达知道的事情。如果没有信息，我们就会被遗弃在黑暗中，为理解事物和寻找立足之地而挣扎。信息是事实的"原材料"。从我们脑子里满满的想法，到新闻中看到的统计数据，再到学校里学到的知识，以及科学家试图描述这个世界和运行规律的理论，这些都是信息。

第一章 信息来了：我们是如何传播信息，又是如何获取信息的？

所有的那些需要我们认识和加工的事物，那些让我们的家园在现实中看起来合情合理的事情，以及那些让我们想象其他现实可能性的事物，它们以信息的各种形式填满了我们的大脑。信息就是教育、创造力、灵感、知识、智慧、现实以及所有从意识领域进入现实的东西。一切事物都是信息。信息这个词，来自拉丁语"informare"，意思是"通知"或者"将形式输入思想中"，它也指"教导和指示"。信息在传递时，通常是一种给接受者引导或教育的方式。

然而，信息也可以被描述为对生物体的任何感官输入，比如人类。这种信息的输入能够帮助生物体识别并参与他们所在系统的运作中。生物存活下来，靠的就是识别和使用各种信息数据，包括环境因素和影响、安全威胁、食物和水的方位、社会系统的变化，甚至是交配的可能性。有些信息对一种生物是无用的，但对另一种生物却是至关重要的。有些信息由于不是生存所必需的，而被大脑忽视或过滤。还有一些信息会造成动物间打斗或逃跑，甚至是激发性欲等激烈反应，这些对于生存都是至关重要的（尤其是后者）。更甚者，我们的身体本身就是由信息构成的，这些信息储存在影响身体发育进化的DNA和遗传编码中。

虽然我们可以继续探讨关于物理和熵、系统理论、以技术为媒介的信息、符号学和抽象概念等各个方面的信息，但在这本书中，我们将集中关注以知识、智慧和真相等形式存在的信息，以及这些信息是如何传递的。

在过去，科学的知识和见解、精神和宗教的智慧、生命的真相、创新的观点和理念，这些事物是一直存在着的，尽管不像如今这么复杂。当今社会网络通达、信息传递也更迅速。回到过去，我们也许会认为，古人们将自己所知所感的信息进行扩散的方式是粗糙而低效的。现在，我们接收到了这些消息，而且目前正致力于信息破译。古代艺术、神话、故事、传说与传奇、楼房与建筑、符号与原型，所有的这些都是不同时代背景下信息传播方式的构成因素，而且，它们确实是有效的。因为，时至今日，我们会为搞清楚那些神话、传说以及符号的含义而感到喜悦，会因为发现了它们是如何融入现代知识结构而感到高兴。

那么，问题来了。在古代，没有高速运转的设备和广泛传播的视频，信息是如何从一个地方传播到另一个地方的呢？也许我们研究的起点就在于，观测事物是如何在没有机械帮助的自然状态下进行传播的。

先从显而易见的事情开始吧。

在拉丁语中，Viva voce 是"口述"的意思。通过口口相传在人与人之间传递信息，这种方式在人类基本交流方式中处于核心地位。伴随着稍晚出现的写作，我们相互交流，我们讲述故事，我们使用文字描述和传递信息。宗教文化传统通过口述代代相传。同时，历史也是通过演讲和讲故事的方式得以流传下来的。口述的传统是我们为后代记录以及交流自己种族历史的方法。在《口述传统的历史》（*Oral Tradition as History*）一书中，作者让·凡西纳（Jan Vansina）将这种方式描述为"从过去来，超越当前这代人的、陈述事实的口头消息"。这些消息可以说、唱或者用乐器演奏出来，而且必须至少已经传递了一代人。

口述历史可能包括了从一代人传递到下一代人的个人信息乃至社会信息。这种记录历史的方式，虽然高效，但留下了太多的不足，这些不足主要产生错误信息、虚假信息，甚至是谣言，它们在过去的真相和事实中占有一席之地，更不用说，通过口述的方式流传下来的事实包含了太多修饰以及讲故事的成分。因此，我们必须从小说中辨别出事实的真相。有时候，我们甚至要使用可解释的符号和图像进行交流，这样各种各样的错误就有可能混入事实真相中，更不用说那些个人转述的。他们经常将自己的口述习惯添加到他们所表达和传递的信息中。

我们后来发现了如何将符号和图画刻在岩石上，画在纸上，刻在牌匾上或发布在网络上，但在此之前的很长一段时间内，我们都是通过口头方式进行表达的。

然而，从古至今，信息的表达和传递方式变得越来越复杂，这本质上和我们作为一个物种的进化是紧密相连的。

文化的演变

在人类学和考古学领域，文化的演变也遵循一种理论：文化的变化和复制与基因的进化十分相似。文化的进化是达尔文进化论的一个分支，它探索的是文化的变化不仅仅受环境和生物体的影响，同时还会受到社会因素的影响。

这种理论在19世纪得到了改进，被用于描述习惯、知识和行为等层面上的文化传承，以及它们与某一物种的社会学习结构的关系。不同的物种，学习多种习惯和知识的方式各有不同，将其传递给后代的方式也各不相同。达尔文假定这些是自然适应和选择的结果。自然适应和选择发生在纵向的父传子方向上，同时也发生在与斜向的、来自同行和权威人物的传递中。但仅使用自然选择，不能很好地解释文化演变过程中更为复杂的问题，比如，知识和信息是如何在多种文化中进行扩散和传播的，这其中包括一种被称为"声望偏好"的概念，即某个文化中的个体，会从他们认为比自己的声望更高的文化中借鉴想法和知识。

另一方面，"从众偏好"假定我们会模仿大众类型的人，就像"物以类聚"这个概念一样，它包含了向社会或群体中那些表现出合适行为的人进行模仿。这对于一个社会团队融入一个全新的环境而言，是尤其重要的。就好像如今城里人从曼哈顿搬到欧扎克山脉，要向当地村民学习一样。我们学习那些大众化的行为，或者是向我们希望融入的团体中的那些人学习。

对于文化的发展，或者是任何即将发生的社会变革，势必存在个人与所处的环境的关联。而为了获取新的知识和行为，这些文化和变革通常需要扩散信息。我们也许会问，到底是个体形成了社会，还是社会造就了个体。随后我们会发现这两种

第一章 信息来了：我们是如何传播信息，又是如何获取信息的？

情况都是存在的。达尔文认为，文化的代代相传是通过"芽体"进行有机传输的。"芽体"是在身体中的生殖腺发现的粒子，通过受孕的方式传递给下一代。通过这些"芽体"，新的一代人可以获得先人的细胞状"知识"，从而延续亲代的性状和特征。

另一位在文化进化理论发展过程中发挥关键作用的人物是赫伯特·斯宾塞。他在书中阐述的观点是，通过演绎或先人的知识，进化的思想如何推动人类文化进步。斯宾塞是英国哲学家、心理学家，他才是真正创造了"适者生存"这个词汇的人，他的原话是"达尔文先生所说的'自然选择'或者'物竞天择'的概念，我试图用一种更加机械的方式去表达，即适者生存"。他认为过去几代人的经验已经作为演绎推理和独立于经验的知识存在人们的脑海之中，之后再传递给下一代。我们祖先的知识和他们的经验成为我们这一代人的知识，烙印在所有人的心中。斯宾塞同时主张"继承使用"的思想，他认为现在的个体行为习惯，最初实际上属于我们的祖先。习惯可以从一代人传递到下一代人吗？斯宾塞援引达尔文的经典著作《人类由来》(*Descent of Man*) 中的一段话：

通过不断的传承与积累，过去几代人所组织和强化的实践经验，已经发生了相应的变化。它已经成为我们在某些道德方面的直觉，以及与正确或错误的行为相关联的某些情绪，而在个人的实践中，这些并没有明显基础。

在哲学家、人类学家、考古学家和心理学家间，关于哪种理论能够更好地解释文化的演变和信息的社会传播，这方面的争论持续不断。但大多数人都同意，世间存在某种特定机理，让信息能够在文化间、世代间，甚至是人与人之间进行传播。

模因与模因论

模因控制着当今这个充满了即时通信的快节奏世界。无论是"脸书""图享"（Instagram），还是"推特"，我们获取信息的渠道和获得信息的可能性均发生了变化。模因指的是某一文化中，人与人之间传播扩散的一种理念或者行为。在当今这个相互间联系密切的世界中，它可以很快，而在口述传统或者通过讲故事进行世代相传的古代，它又很慢。或者，它也可以是身旁的人对你耳语的秘密，然后他会再告诉另一个人，直到最后所有人都听说了这个秘密（虽然到最后一个人的时候，它已经完全不是秘密了）。

如果你能连上互联网，尤其是能够访问很多社交网站，那你就很有可能知道模因是什么。简言之，模因是在某一特定文化中，通过人与人之间的接触来传播的一种概念、想法、活动、行为，甚至风格。模因的传播可以通过写作、艺术、宗教仪式或其他任何可以被复制或模仿的东西。模因这个词出自古希腊语"mimeisthai"，意为"去模仿"，它是由英国的进化生物学家和生态学家理查德·道金斯在其1976年著作《自私

第一章 信息来了：我们是如何传播信息，又是如何获取信息的？

的基因》（The Selfish Gene）中创造的。虽然 1904 年德国生物学家理查德·西蒙（Richard Semon）在《记忆》（Die Mneme）一书中，已经讨论过"记忆力是经验在文化传播中的单位"这一概念了。

著名的无神论者，《上帝错觉》（The God Delusion）的作者道金斯将"基因是进化选择过程中的基本单位"这一观点发扬光大。在《自私的基因》一书中，他写道："模因是'文化的复制符'，它可以被看作是一个具有复制或自我复制能力的单位，所有的生命都是从'复制个体的差异生存'中演变而来的。"人与人之间的想法、信仰、流行语，甚至手势，都可以通过语言的沟通和推理进行复制。彼时，承载了信息的观点可被视为一种载体，它可以从一个人的大脑跳跃到另一个人的大脑，就好像精神病毒一样，在它所到之处进行复制、传播。当然，取决于不同的文化环境，它的传播频率和速度也不同，并最终能够传播到邻近的另一种文化中。

观点可能和基因复制的方法相同。因此，模因可以被看作是一种行为基因。不少人对道金斯的理论表示怀疑，有些学者甚至认为，他忽略了一个事实，即基因本身是环境的一部分，并且通过合作才能发挥作用。单独的一个基因并不能起作用。但道金斯强烈认为，各个单独基因是有效的，其他所有基因都是它所适应环境的一部分。同理，单独的一个模因不能创造一种文化，但是它能够成为一个系统中各种观点的驱动器。

虽然仅仅是一个理论，模因论是关于模因作为生物进化驱动的理论。有人认为,模因论是文化如何接收以及传递观点和信息的唯一原因,然而反对者却声称,因为并非所有的观点都是通过同一种方法在人群中扩散,并非所有的观点都可以被复制,并因此否定模因。还有另一个论点是,文化的单位,或者说模因,并没有形成基因那样的血统结构。比如,某个新复制的基因可以追溯到父亲或母亲中的一位,但没有人能够清楚追溯一个想法的起源。

观点确实是通过各种各样的公开方式进行传播,而且,事实上,很多都是一次又一次被复制,直到它们成为一种文化"规范",但它们没有必要从一个人复制到另一个人。可以从料理界的眼光出发,来看待这些区别。选取一个菜谱,并把它给100个人看。那100个人也许可以完美地遵循这个菜谱,也许不能。这样有的结果就可以看作是完美的复制,而有的只能说是相似的作品。这样,最初的观点,或者信息,就依然能够保持完整。

一种配方经过多代人的传递,最初的结构可能因为人们不断地调节而越来越不正宗,然而无论何时,仍有一部分依然能够和最初的版本保持一致。

以基因形式存在的生命的信息可以通过两种方式传播:纵向的,通过基因复制,由父母传递给孩子,或是横向的,通过病毒等引入。这同样适用于模因论,思想通过父母向后代传播,从而可以代代相传,或者是像病毒一样在人群中传播,影响和感染每一个接触到这个思想的人。这样,在模因和思想中也找到了与遗传学中相同的驱动程序。

思维病毒

费米实验室的前工程物理学家,艾伦·林奇(Aaron Lynch)是一位美国作家。他拥有数学和哲学的双重背景。他写过一本影响深远的书,名为《思想传染:信仰是如何在社会传播的》(Thought Contagion: How Belief Spreads Through Society)。书中记录了很多关于信息传播的理论和数学上的模型,其中很多先前都曾在学术类的《思想期刊》(Journal of Ideas)中发表过。林奇认为,思想是存在于人类神经元或其他媒介上的信息,但在它们进化时可以汲取新的含义,获取传染特性,甚至可以成为新信仰集合。所以信息中也包含了错误的认知和虚假的信息。林奇得出了一个结论:"人们不会从他人的错误中学习,而是学习别人的错误。"思想是在不断深入和发展的,但它们本身并不具备"意识",同样也不受诸如潮流、风尚、集体疯狂甚至模仿犯罪和暴力,乃至暴民统治心态等事物的影响。

有趣的是,林奇提出了用于描述思想传染的7个模因传播的关键模式:

1. 家庭教育量——指的是人的思想能影响到的孩子的数量。在那些鼓励更高出生率的地方,思想复制得更快。

2. 家庭教育效率——指的是增加善于接受父母想法的孩子的比例。

3. 宗教改变模式——指的是通过宗教或政治活动，把思想传递给他人，不仅仅包括自己的孩子，还包括其他人。这种在人群中横向传播的方式要快于父母向孩子的传递。

4. 储备模式——指的是那些在很长一段时间内能够长期保存下来的思想，比如传统。这些思想很难被废除或者被替代。

5. 相反模式——指的是持有这些思想，能让人产生攻击行为，或蓄意破坏别的竞争思想。模因的复制使它在对抗其他的模因时占上风。

6. 认知模式——指的是多数人认为是合理的、有说服力的思想。由于这种思想已经被人们普遍接受，这种模式比其他形式的模因传播更为被动。

7. 激励模式——指的是那些人们出于自身利益而接纳和采用的思想。

在《思维病毒：模因的新科学》（*Virus of the Mind: The New Science of the Meme*）一书中，作者理查德·布罗迪（Richard Brodie）在书中描写了具有病毒特征的模因和思想的扩散（顺便说一句，布罗迪还是微软 Word 文字处理软件的原始作者）。他认为，模因会通过一系列方式来影响我们的行为。同时，就好像我们进化的起源基因库一样，模因组成了自己的"模因库"（meme pool）。布罗迪写道："模因的传播起初通过影响他人的思想，进而影响他人的行为，并最终使他人被模因感染。"如果一个模因进入你的思想，它就能够明显或潜移默化地影响你的行为。他将模因分为如下几个类别：

第 一 章　信息来了：我们是如何传播信息，又是如何获取信息的？

1. 识别模因——通过标签，帮助我们分类并描述世界的模因。

2. 策略模因——可以描述为"拇指的浮动规则"（floating rule of thumb）。当你处于某种合适的环境中，想要实现某种理想的结果时，这个规则会告诉你如何去做。

3. 联系模因——这些模因将大脑中的两种或多种模因联系到一起。比如，"棒球、热狗、苹果派和雪佛兰"就是美国生活方式的广告模因。

我们还要去应对同伴压力、个人反应、本能或自然进化。布罗迪认为，我们正从基于创新和征服的文化进化的旧模式中走出来，并在走进一个以模因和思维病毒为基础的新模式："我们的思想擅长复制信息、遵从指示……请记住病毒的四个特征：渗透、复制、可能发出指令以及扩散。"布罗迪认为，这就是思维病毒如何影响人群的，无论是时尚潮流，还是宗教迷信，都遵循此道。同时，从都市传说、神话、迷信和谣言中可知，并非所有的模因都必须是事实，或者是真实的。

宗教信仰似乎是最容易受到这种思维病毒影响的行为。约瑟夫·亨里奇（Joseph Henrich）在接受边缘网（Edge）关于"文化是如何推动人类进化"的采访时表示，在传播信仰系统时，增加宗教的仪式可以更有效。亨里奇说："如果去分析很多宗教中常见的仪式，你会发现，团体中德高望重的成员说的话更容易传播，更容易被人们信服。"在仪式中，类似动物祭祀或捐献大量财物，能够使"增强信誉的表现"影响力得到提高，这些均可被视为真实信仰的印证。因此，旁观者更有可能将其纳入自己的信仰中。

理查德·布罗迪在《思维病毒》中补充道，因为恐惧和生存对我们祖先而言是非常重要的，许多神话和宗教都包含了来自上帝惩罚的威胁，警告人们做某些被禁止的事时会发生的危险。这是一个与模因相关的控制思维的好方法，因为我们都非常关心那些可能涉及的危险。布罗迪认为，"随着口述传统的发展，我们的大脑，相较于以往，有意识地放大了危险，并凸显了危险的重要性"。

反模因

并非所有人都支持模因和模因论。在期刊《今日心理学》（*Psychology Today*）的一篇名为《焦点：为什么模因是一个坏的主意》（*Hot Thought: Why Memes Are a Bad Idea*）的文章中，保罗·撒加德（Paul Thagard）认为，精神和文化的变异、选择和传递与基因信息的传递并不相同。他认为，观点在文化世代间的变化比基因突变更具有目标性。此外，观点的选择同时包含了情感和理智标准的使用，而不是基因学中的适者生存。思想在某一文化中可以快速且广泛地进行传播，与基因的缓慢适应和传递完全不同。一个观点可以在几天内扩散到数百万人的范围，并不需要几代人的时间。

抛开哲学上的差异不谈，信息往往能够以惊人的速度顺利

第一章 信息来了：我们是如何传播信息，又是如何获取信息的？

地在环境和人群中发挥自己的作用。最近的一个关于文化进化的理论涉及一个叫"构造偏好"的事物，它指的是个人或者团体具有某种倾向，他们更容易去相信那些在大众中获得更多支持的观点。人类学家、心理学教授、经济学家约瑟夫·亨里奇和人类学家及《人类是如何进化的》(How Humans Evolved)的作者之一罗伯特·博伊德（Robert Boyd）认为，"构造偏好"指的是人们相信什么，倾向于站在哪一边。那些信念的传递具有雪球效应，影响了越来越多没有为自己着想的人。通常，那些被一代人认为是"真相"的事物，作为传统和信仰能够继续传递给下一代，虽然存在犯错的可能，但是真相始终存在。

亨里奇和博伊德认为，一个可行的进化理论很少会仅仅通过单纯复制观点起到作用。此外，还有很多"吸引因子"或者基于某些环境或外部刺激人们采用的思考方式。因此，你会发现，很多对某种特定文化模型的成功模仿各不相同，并不是一定需要完全复制（在之后的章节中，我们会研究模因如何影响流行文化）。

亨里奇始终坚持，必须将文化和生物的进化一起来看，而不是在整个过程中作为分离的个体。很显然，自诞生以来，人类在基因和行为上均发生了巨大的变化。我们并没有继续居住在洞穴中或者使用长矛进行狩猎。人类身体的毛发逐渐变少，当开始直立行走时，新的行为和想法已经成为我们进化的一部分。

所有这些可能看起来让人感觉很困惑，我们的目标不仅要确定人类是如何进化的，还要知道文化是怎样进化的，以及随着时间的推移，我们是如何学习和获取信息的，不管是通过传承祖辈的方式，还是从自己的新经历中获取。尽管本能行为对于物种的生存非常关键，它是通过遗传传递给下一代，但我们在此讨论的并非本能行为，而是与生存或本能无关的行为或观念。然而，这些行为似乎是通过同样神秘的方式进行传递的。

至少从理论角度而言，我们可以通过观察信息在当今社会的传播方式，以此推测信息在古代是如何传播的。除了模因，我们还可以研究以下几个方向。

思维网络

信息的传播常常被描述为像电脑网络一样的存在，它是通过人的思想联系的，通过相似的结构在网络内传递思想。一项被称为"网络科学"的科目通过研究社会学、医学和统计数据，来考量万物从产品到行为，甚至打喷嚏和打哈欠是如何传染的。在一次法斯特公司的采访中，德雷克·贝尔（Drake Baer）同哈佛医学院教授尼古拉斯·克里斯塔基斯（Nicholas Christakis）谈起了网络的科学。

克里斯塔基斯说："事物在人群中的扩散并非随机，而是通过网络进行扩散的。"我们的网络其实就是我们与朋友、同事和家人的关系网。在这张网络中，我们处于越中心的地位，与他人的联系就越多，获得的观点和信息也就越多。

虽然，处于这些网络的中心能够获得更多新奇的、未经验证的观点和模因，但这并不一定会给我们带来好处。克里斯塔基斯认为，处于网络的中心会增加你的风险，有可能受到糟糕的信息和思想的感染，并将它们纳入自己的思想中。与模因的传播相似，网络也是通过纵向或横向产生影响。你在网络中获得的关系越多，能够从集体中获得的观点和信息就越多。

扩散

扩散是一种理论，它试图解释新观念或新形式是如何在整个人群中传播的，尤其是那些涉及科技的。扩散理论最早是由社会学家埃弗里特·罗杰斯（Everett Rogers）在1962年的著作《创新的扩散》(*Diffusion of Innovations*)中提出的。他认为社会系统能够驱动或指定某一新观点或技术，同时也能够决定某个观点能否随着时间的推移延续下去。罗杰斯查阅了超过500份涉及扩散的研究，并在人类学和社会学，尤其是在他所擅长的田园社会学中探究相关的主题。

罗杰斯认为，一种观点或者创新的出现，必须要有交流，然后有足够的加工时间，能够被社会系统中足够多的人所采纳，从而达到饱和，或者到达临界质量。社会系统是挑剔的，如果没有别的观点与之竞争，那么它就可能没有饱和点。如此一来，某个想法或技术就能够被广泛接受，进而成为生活和文化的一部分。有趣的是，罗杰斯发现，人们并不是依据科学研究的重要性来评估新观点或创新的。相反，他们更关注对于某种新形式的主观评价，这些评价来自和他们相似的个体。

因此，一种新形式能够站得住脚或达到临界质量，这其中涉及更感性的决定。以你的购物为例，比如购买一辆车或一台新冰箱，大部分人喜欢向朋友寻求意见，以此判断哪个产品是最好的，而不会相信从书中读到的或是通过调查研究发现的。

因此，单个社会系统所包含的内容常常比自然科学或者事实研究更多，比如，什么样的信息能够被采用、接受或传递给下一代。我们再来看一看宗教信仰、迷信和都市传说。可以轻易地发现，从"值得信赖"的人们口中说出来的话比事实更有分量。这也许可以解释"病毒式"视频、图片，甚至是现在的音乐下载。音乐下载量容易被"音乐下载造假"所操控，使音乐显得比实际情况更受欢迎，进而引来更多的"真实下载"。人们也常常想知道，这是否适用于畅销书单，读者是否会受到蒙骗而去买这本书，或者去看某部实际上座率并不高的电影。如果建议来自朋友，会产生更大的影响。

这种扩散理论也适用于谣言和八卦，即使没有真相作为支持，我们为什么更倾向于相信朋友们告诉我们的事情，为什么人们更多地选择与阴谋论者站在一边，而非他们自己的政府。因为阴谋论者往往将自己标定为"受害者"，即使他们没有事实去支持自己的观点。

➡ 第一章 信息来了：我们是如何传播信息，又是如何获取信息的？

临界点

和临界质量相似，我们也有临界点。

想象一个天平，你把等量的石头放在天平两端，使它保持平衡。然后，在一边放入更多的石头，并最终使天平倾斜。"临界点"是一个社会学术语，它指的是在某特定的时间点，一个大的集团采用了某特殊的做法、想法或者行为，并因此相应地改变了它的行为。临界点可能伴随着时尚趋势、政治革命或是产品的普及而出现，或者是到达了某个临界质量时出现。这是没有回报的一个点，在这之前，甚至不能说是常态的一部分，现在它增长得如此迅速，以至于集团内部都把它看作是一种流行病。临界点同多米诺效应、病毒传染、信息级联，甚至与混沌理论都是相似的，它们都具有信息到达临界质量的概念。

许多社会学家和研究人员提出了针对集体行为的临界点模型，这其中就包括了1972年的诺贝尔奖获得者：托马斯·谢林（Thomas Schelling），他是马里兰大学知名的经济学教授，曾获得经济学奖。然而，一位英籍加拿大记者马尔科姆·格拉德韦尔（Malcolm Gladwell）在他具有开创性意义的《引爆流行：小事物如何造成大的影响》（*The Tipping Point: How Little Things Make a Big Difference*）一书中创造了"临界点"这个词。这本书发表于2000年，临界点这个理论，就此被引入社会学的概念，并因此获得了大量的受众。现在，这个短语常常和格拉德韦尔及其工作紧密相连。

格拉德韦尔将临界点描述为临界质量到达的时刻，或者是我们的生活被某一个新的想法改变时所出现的"沸点"。他列举了三条法则作为这种改变引起社会流行病的要素。

1. "少数原则"或者80/20准则——大部分的工作会由少数参与者完成。在这种情况下，大致呈现一个80∶20的比例。这部分参与者拥有稀缺技巧，他们可以是连接者、专家或销售员。"连接者"指的是那些在某个社会体系中人脉广的人，他们能使人们之间相互介绍认识，建立联系。格拉德韦尔将"连接者"比作是电脑网络核心，因为这些人和社会圈内各种各样的人都存在联系，并且掌握建立人脉的诀窍。下一个是"专家"，他们专注于某一类型的信息，并且我们会针对某些方面的知识向他们求助。他们是引起"口碑流行"的人，格拉德韦尔称他们为"信息经纪人"。最后一个是"销售员"，他们使用谈判技巧说服人们做某事或购买某些东西。这三类人驱动着社会体系中的临界点。

2. 黏性因素——指的是一种想法或者内容，必须是"有黏性的"，或者能够被人们记住，才能在人群中达到临界质量。黏性更高的因素影响更大。

3. 背景——社会流行必须具有能够被明显区分出的背景环境，这样能够让更多的人将其采纳成为自己行为的一部分。因为我们受到环境的强烈影响，所以社会临界点肯定与所处的"时间和空间条件与环境"相关。

在其个人网站（Gladwell.com）的一次采访中，格拉德韦尔

第一章 信息来了:我们是如何传播信息,又是如何获取信息的?

将临界点比作疾病的爆发点:"为什么语言如此强大?是什么让像《芝麻街》(Sesame Street)这样的电视节目这么擅长教孩子阅读?我认为,所有这些问题的答案都是一样的。想法、行为、信息和产品的传播有时候表现得就像传染性疾病的爆发,它们是社会流行病。"

格拉德韦尔看清了信息爆发的模式,他发觉这种模式在想法、新产品和人类行为的传播过程中无处不在。"在其他领域中,这不仅仅是一个比喻。我所说的是一个字面意义上的类推。在这本书中,我所探讨的一件事是思想能够完全像病毒一样传播。"格拉德韦尔在模因中发现了一些相似点,但同时他认为模因感染性非常强的原因是它难以固定。他认为,人们事实上自己可以发起一些"积极的流行病",因为只需投入非常少的努力,就可以迅速地传播(特别是在当今这个时代),在整个过程中可以传播给大量的人。当然,这也同样适用于负面的社会流行病,我们将在后面的章节中涉及这个问题。

对格拉德韦尔而言,最主要的目标是搞明白为什么重大的改变在我们的世界中发生得如此之快,它是如何发生得这么快的,以及通过看清临界点的模式如何更加简单地分析那些令人迷惑的变化。

耶稣跳跃现象,多重发现,大众意识,以及"百猴效应"

多重发现中的一些更离奇的概念,或者包括"百猴效应"

在内的文化间的思想传递，指的是当到达临界质量或者临界点后，知识或者意识的突然飞跃。这甚至可以突破文化的界限。"百猴效应"这个词来源于莱尔·沃森博士（Lyall Watson）的《生命之潮》（*Lifetide*）一书。沃森是一位在伦敦动物园工作的生态学研究者。沃森当时正在研究和撰写日本灵长类动物学家在20世纪60年代一项涉及猕猴的工作。由沃森的书可知，一只猕猴教会另一只猕猴去清洗甘薯，然后学会的猴子继续教会下一只，这样一直持续下去，直到居住在整个岛上的猴子都学会了这项技能。但直到别的岛上的猴子也学会洗甘薯的时候，百猴效应才真正出现。后学会洗甘薯的猴子和最初洗甘薯的猴子并没有明显的联系，那么它们是怎么就学会了这个动作呢？是不是存在通过大众意识的某种超自然沟通呢？又或者是不是另一个岛屿上的猴子只是碰巧发现清洗过的甘薯比没清洗的要好吃呢？

怀疑论者严厉斥责了沃森，他们引用了那些对这种自然传播行为一无所知的人的研究。批评者中甚至包括了沃森的同事河合雅雄（Masao Kawai），他是最初猕猴项目的高级研究员之一，他在1996年接受《怀疑论调查者》（*Skeptical Inquirer*）杂志采访时声称，他不知道"是否存在任何技能，能够比预期中正常的、个人的、前期文化的传播速度要快"。

然而，多重发现这个观点确实出现了。这个术语被历史学家和社会学家用于描述在科学、艺术和知识等领域的多个独立发现。它常与模因论、文化进化、文化认识论相连。它将生物进化的概念应用于人类文化知识的传播。

但是，我们能够将它归类为某些暗示大众意识的神秘探通术，或者是一些信息的领域吗？这些领域包含了所有知识和思想，某段时间内任何人都可以获得。我们稍后将解决这个大问题。然而，荣格认为，人类可以通过两种方式将信息传递给彼此。其一是通过基因传播；其二是包括了文化、神话、象征符号在内的其他类型传播。他认为，原型或某种特殊的信息思维模式，既通过基因进行信息传播，也通过基因遗传给下一代。这种信息思维模式存在于所有人的精神和意识中。要理解原型的强大象征主义，就需要一定程度的交流，虽然这种交流并不明显，但仍属于精神思想的一部分。事实上，荣格认为，与原型的接触导致了神话和宗教的诞生。

我们基因中的幽灵

毫无疑问，我们远古祖先的世界塑造了现代模块化的思维模式。但是，由于缺乏史前时代的确凿证据，尤其是涉及大脑物理变化方面的证据，我们不可能深入前辈们的大脑中去获取信息。信息学家和考古学家已经尽全力去解决这个问题，并且提供了很多不同的猜想，其中包括了"认知流动性"，它指的是借由我们史前的祖先掌握了使用史前物进行储存和传递信息的技能，使之成了一个发展的过程；一个"神话的"文化，它包含了以物质象征的形式构建概念模型的能力，它和语言的发展紧密相连。人类意识的兴起可被描述为"一个整合了模块化进程的、输出的全球数据库"。瓦利恩特（Valiant）认为，这些努力最多只能算是猜想。但如果我们的祖先确实在基因序列中留下了残余的线索呢？倘若考古学家真的能够发掘出大脑的秘密，就能够揭开我们古时候的历史和意义了吗？

众所周知，我们的外观以及某些疾病和生物紊乱，都是由我们父母的遗传物质DNA所决定的。传统的观点认为，一个人的DNA序列可以作为人类发展的基因蓝图，它只携带可遗传的信息，人类作为个体无法将他们一生所做的事情传递给各自的后代。尽管如此，最近来自世界各地的研究正在质疑这个观点，声称我们自身固有的DNA可能会影响我们生活的各个方面。尽管在科学界仍存在争议，甚至有些人称其为"邪教"。现在，很多科学家开始质疑那些已经被人们广泛接受的DNA序列观点，认为我们个体的基因形状部分是由祖先的生活经验所决定。洛克菲勒大学的分子生物学家C.大卫·阿利斯（C. David Allis）说："理解世上存在超越基因组的事物，真算得上是一个分水岭。"

这种科学研究的新方法被称为"表观遗传学"，它的字面意思是"在遗传学之上"，研究个体基因变化的开关被激活或者钝化的相关内容，主要通过生活经验和环境来改变DNA的分布，进而改变个体基因的表观现象。实际上，一种被称作遗传外标的化学标记会附着在DNA上，随后，它会传递信号给细胞，让其使用或忽略某段基因。这些标记起到了某种细胞存储器的作用。在细胞的生长和分裂过程中，细胞在忠实地复制DNA的同时，也复制这些遗传外标。这在胚胎发育过程中尤其重要，

第一章 信息来了：我们是如何传播信息，又是如何获取信息的？

因为过去的精力能够预示着未来的选择。外部的标签能够长期地让细胞产生"记忆"，记住基因的各自作用，并能够让细胞记住过往经验，即使在这种信号消失很久之后，这种记忆仍存在。

举个例子，不久前，剑桥大学巴布拉汉研究院的沃尔夫·赖克（Wolf Reik）公布了一项研究。他花费了数年时间去研究隐藏的基因世界。通过对啮齿类动物的研究，他发现通过影响胚胎就足以激活这种外标的"开关"，以此激活或者钝化基因。不仅如此，他还发现这种"开关"可以从一代传递到下一代。这表明，关于某件事情的"记忆"同样是可以被继承的。在瑞典北部的一个偏远小镇发现了其他的证据：通过对比分析教区的出生和死亡记录，以及当时的庄稼收获的数据发现，经历过饥荒的祖父母，在基因方面对他们的后代有着巨大的影响。我需要说明的是，此类理念并非第一次被提出。在查尔斯·达尔文于《物种起源》中提出自然原则这个理论之前，18世纪法国博物学家让-巴普蒂斯特·拉马克（Jean-Baptiste Lamarck）已经提出了一个不同的进化论，即有机体可以通过基因将它们穷尽一生时间获得的性状传递下去。这个理论一直备受嘲讽，直到达尔文主义站稳脚跟。但是，从现在表观遗传学看来，这个法国人看起来确实研究出了一些东西。

隐藏的DNA记忆这个概念也并非一个全新的理念。在20世纪六七十年代，据说很多医学研究利用隔离罐和化学兴奋剂解锁了遗传思维。研究员称，他们成功地获得了DNA的记忆和经验，但由于缺乏靠得住的科学证据，这样的研究并没有受到重视。最后这些研究为1988年一部相当有趣的好莱坞电影提供了灵感，这部电影名为《变形博士》(Altered States)，威廉·赫特（William Hurt）扮演的一位科学家提取了祖先的原始基因，从而了解了祖先的各种生活经验。相似地，表观遗传学所表达的思想，也可以应用于过去生活的重现或"似曾相识症"的概念。我现在不像之前那样，将其视为科学大家庭中纯粹的幻想，而是认为表观遗传学在系统的、学术的框架内提供了一个有形的、可量化的方法，去记录这样的经历。

表观遗传学领域现在正处于科学思维模式转变的前沿，同时还有很多其他的学术领域在努力跟上节奏。以色列的威茨曼科学研究所的一项新研究于近期曝光，是对表观遗传学的一个补充。科学家们透露，他们并非专注于DNA测序，而是一直在研究大脑内的神经模式，并且发现了活动的自发波中存在更早事情的印记，即使这些事是在很早之前发生的。简言之，他们认为处于休息模式的脑电波可能代表着先前经验的"档案"。进一步解释就是，当一个人闭眼休息的时候，没有视觉方面的刺激，正常神经细胞的活动以及传入的信息会被处于超慢模式的神经元活动所替代。这个模式以一种高度组织化的方式，在整个大脑皮层内活动。因此，我们认为，过去的经验就是以这种方式进入大脑皮层内神经元细胞的网络之间的。这项研究表明，自发出现的大脑模式可以作为"映射工具"，从一个人的过去发掘认知性的活动。

那么，这项创新性研究对病毒神话的概念起到了怎样的作

第一章 信息来了：我们是如何传播信息，又是如何获取信息的？

用呢？显然，如果远古人类的经验可以通过基因蓝图进行世代相传，那么，它就开启了一个全新的世界，我们就有可能解决本书中提出的很多问题。表观遗传学为现代进化论增加了一个新的维度，那些曾经被认为已经遗失的古代世界的秘密就能够被找回。现在，处于表观遗传学研究最前沿的科学家将他们的注意力集中在了疾病和治疗疾病上。我必须补充一句，这是一个非常高尚的动机。

我个人认为如果采用多学科的方法进行研究，比如，表观遗传学加上脑电波的映射，终有一天，我们能够解开古代的秘密。我打算在这条路上从事自己的博士研究。我非常希望在读过这些之后，你们当中很多人会希望在这条通往未知世界的非凡旅程中能与我同行。

洛兰·埃文斯

洛兰·埃文斯（Lorraine Evans）是和平研究与全球哲学国际研究所在埃及古物学和古代史方面的研究员，目前正在攻读她的博士学位，她研究的课题是关于远古埃及的真理正义之神的概念。她是畅销书《方舟王国》(Kingdom of the Ark)的作者，此外，她还著有《北欧女战士》(Warrior Women of Northern Europe)和《哈布城的谋杀——文化遗产导读》(Murder at Medinet Habu—A Heritage Tour Guide)。她的这三本书都涉及了埃及与爱尔兰之间联系的研究。洛兰被看作是一个具有开创性意义的学术研究者、作家和传播者。她的研究技巧常常也正是人们需要的。同时，她利用这些技巧完成了以下畅销书：《古埃及法老：出埃及记理论》（Tutankhamun: The Exodus Theory）《法老的欺骗》（The Tutankhamun Deception）《天灾》（Act of God）《摩西遗产》（Moses the Legacy）和《伊甸众神》（Gods of Eden）等。她曾经担任过很多国际知名电视纪录片的学术顾问，其中包括《死亡的秘密》（Secrets of the Dead）《法老的欺骗》（The Tutankhamun Deception）《女角斗士》（Gladiatrix）和《飞翔的金字塔》（The Soaring Stones）（历史频道）等节目。她还曾就职于野外考古所、博物馆学委员会、埃及博物馆开罗馆、莱尼斯特古代战争学院等考古学委员会。

但在我们进入这两个领域之前，需要指出的是，尽管我们已经讨论了很多关于信息在当今社会是如何扩散和传播的，但相同的理论和概念，同我们稍后即将了解的其他理论一起，在古代也都能发挥作用。信息的扩散总是以扩散它的那个人为开端，选择如何去传播，则取决于传播者所处的时代和可用的方法。但最终，我们都知道，思想会像野火或疾病一般疯狂扩散，我们也常常会被感染。有时候，这些想法藏匿于一个更大的范围之内，或者以非语言的形式呈现在我们面前。有时候，思想没能到达临界点，只能成为我们的回忆。还有些时候，它们会一直存在，并最终成为人类的一部分。

有时候，思想和新事物传播得太快，我们的大脑出现了

第一章 信息来了：我们是如何传播信息，又是如何获取信息的？

延迟。很多理论均指出，我们现在所接受的新信息数量正在以指数形式的速度增长，以及信息如何影响我们脑容量和处理信息的能力。罗伯特·安东·威尔逊（Robert Anton Wilson）在1986年进行了一次名为"知识加速"的大型演讲。在演讲中，他创造了一个名叫"耶稣跳跃现象"的有趣说法。威尔逊提议，我们使用"耶稣"作为一个新的计量单位，它代表从公元1年至今所有的已知科学事实总和。想达到一个"耶稣"，我们的种族一开始大概使用了40 000年至100 000年的时间。但从那之后，每次信息量的加倍用时都更短。因此，达到的"耶稣"越来越多，而使用的时间越来越少。威尔逊本意只是开个玩笑，但很多研究者研习了他的理论，并将其代入自己的新理论中，用于解释信息是如何以指数的形式增长的，这让"奇点"的出现成为可能。到"奇点"点时，我们会突然知道一切。

顺便说一句，术语"耶稣跳跃"可能源自短语"耶稣在跳杆上"，本意是语气缓和的咒骂或者感叹。但是，我们真的可以确信这些信息的准确性吗？这也是我们目前面临的问题，信息从越来越多源头向我们涌来，并非所有的信息都建立在坚实的事实基础之上，或者具有足够的确定性。我们则试图从谣言中找出真相，从怪诞中找出智慧。

我们寻找信息在整个时间维度、人与人之间、文化与文化之间进行传递的驱动器与机制的同时，还不能忽略一个现实：

在多数情况下，信息并非以直接的思想、行为、风格或手势的形式进行传播。事实上，信息有时候根本不是以思想的形式进行传播，而是以故事的形式扩散的，当且仅当我们能体会言外之意的时候，才能够发现真相。

VIRAL MYTHOLOGY

第 二 章

每一幅画都在讲述一个故事：
图像、艺术和象征符号

> 我知道,无论是画家、建筑学家,还是作曲家,任何一种艺术家都在追寻自己的过往,并且热衷于搜集所有和自己的艺术相关的历史。
>
> ——露丝·索耶(Ruth Sawyer)《故事家的叙述手法》
> (*The Way of the Storyteller*)

最初的叙事方式,无论是口口相传,还是歌谣,大多数都是以口述的方式出现的。随后出现了各种形态的艺术,人们在洞穴壁、岩石、泥土、沙子、黏土、陶器、碑刻、兽皮、羊皮纸,甚至是树干上创作符号和图像,以传递信息。大自然提供了天然的石头甚至染料,作为我们的画架和画具。如果愿意,你可以将这种绘画称作"原始蜡画艺术"。就连某些部族成员和土著人身体上的画,都可以用来讲述某个故事,因为这些最早形式的文身,绝对都具有象征性。

第二章　每一幅画都在讲述一个故事：图像、艺术和象征符号

图像的故事

随着古印度石英岩比莫贝卡特石窟的礼堂石窟和邦达腊奇—查丹石窟中原始岩画的发现，图像叙事可追溯到 300 000 年到 700 000 年前的历史（年代上仍有争议）。早在 40 000 年前的欧洲，特别是西班牙和法国，颜料就被用作在洞穴壁上创作图画。迄今为止，发现的最古老壁画位于西班牙桑坦德的阿尔塔米拉洞窟，可以追溯到大约 40 000 年前的奥里尼雅克时期。这些旧石器时代的壁画遍布于沿西班牙坎塔布连山脉 11 处的地下岩层中。最古老的壁画位于卡斯蒂略，一些考古学家认为，时间大约追溯到 40 800 年前。如果这个时间是准确的，那么卡斯蒂略壁画也可能被冠以目前世界上已知最古老壁画的头衔。然而，一如往常，规定使用的间接定年法中一直存在争议。

是什么让这些壁画如此特别？除了单纯的年代久远，还有一种可能在于，部分壁画由尼安德特人创作。当时尼安德特人和现代智人一同定居在欧洲地区。这些壁画归属于"象征艺术"，近年来在其他尼安德特人聚居地发现了人体画、工艺品和天然颜料，与它们十分契合。这表明了古代穴居人也许并没有我们想的那么原始。事实上，就艺术运用的发展而言，尼安德特人和起源于非洲的祖先有着相同的进化轨迹。

在卡斯蒂略，最古老的洞窟艺术由盘形、圆点和手形图案组成，但也有大量的动物类的"象形艺术"，例如马和野牛。

它可能属于 50 000 年到 100 000 年前的许多科学家口中的"旧石器晚期革命"，或者后石器时代的一部分。那个时代，我们作为一个物种，经历了农业、文化和沟通上的巨大飞跃。这些图像也许能够传递和交流信息，甚至有可能代表一种仪式和宗教意识。在这一变革期内，工艺品、工具和兵器均出现了明显的差异。当然，艺术上很快出现了更加复杂精细的雕刻术和版画术，并且随着更复杂社会群体的涌现，雕像和壁画常常具有显著的文化差异。

这种古代艺术是有主题的。当时盛行巨型野生动物的形象，且通常是那些能够被捕获来用作食物和衣裳的动物，但某些动物可能更多的是出于仪式目的而进行的象征性创作。例如萨满教中从动物身上汲取能量，而并非故事中猎人带回家的晚餐。

因为宗教禁忌的关系，工艺品上很少描绘人类，虽然之后的雕像和工艺品中，女性——尤其是怀孕或哺乳的女性——经常是令人着迷的对象。自然和丰收是一个备受欢迎的主题，这些反映出人类世界和野外交相呼应的关系。

事实上，与其说艺术品是用赭石、赤铁矿和木炭等史前艺术家最喜欢的工具画在墙壁上的，还不如说是被刻在上面的，但这些艺术品仍旧被定义为壁画。

而非洲和澳大利亚的一些壁画描绘动植物，其中有些现在已经灭绝。非洲的壁画艺术更倾向于描绘人类。在索马里西北部一个叫拉斯·吉尔（Laas Gaa'l）的山洞壁画甚至描绘了

第二章　每一幅画都在讲述一个故事：图像、艺术和象征符号

放牧人的画面。而澳大利亚的壁画则倾向于描绘那些可能已经灭绝了超过 40 000 年的独特物种。正因如此，我们才能够通过这些壁画了解我们从未见过的飞禽走兽，进而对远古世界略知一二。

非洲也是已知最早的岩石艺术发源地，当地存有上千幅雕刻画和壁画，描绘出了公元前 6 000 年前的各种气候变化、动物迁徙以及人类聚居方式变化的时间轴。岩石艺术是洞穴艺术的自然发展阶段之一。

第二大已知的最古老洞穴艺术位于法国，最知名的当属肖维-蓬达尔克洞穴（Chauvet-Pont-d'Arc Cave），它是最重要、最古老的史前艺术地之一，尽管年代存在争议。肖维洞穴是以最初勘探这个洞穴的法国洞穴学家之一让-马里·肖维（Jean-Marie Chauvet）的名字命名的，他记录下了对这个洞穴进行考察的详细描述。在这个洞穴中，人类存活了两个时期，30 000 到 32 000 年前的奥里尼雅克时期，以及后来的 25 000 年到 27 000 年前的格拉维特时期，这个岩洞也可能保留了已知最古老人类的足迹。洞穴的壁画细致地描绘了十几种动物，有些物种如今已经灭绝，或者在其他地方已经很稀有。不同动物之间以各种各样的互动形式出现，描述了艺术家们生存的自然界的故事。这些艺术家并非我们想的那样原始，为了更好地利用空间，他们常常使用一些早期的磨砂方式对墙壁进行打磨。图像经常会先勾画出外形轮廓，然后再进行填充，洞穴本身则为图画加入了空间效果。

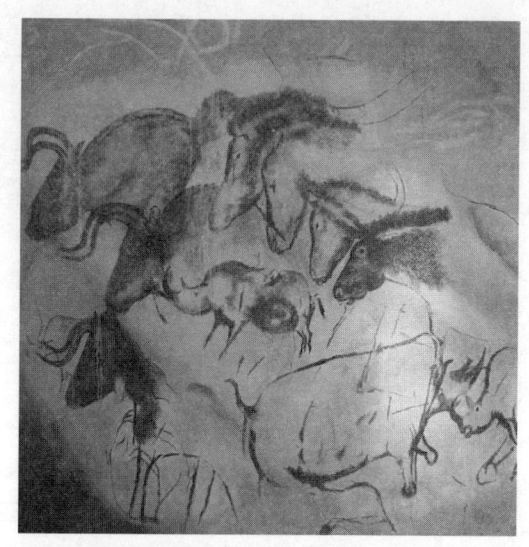

图 2-1 发现于肖维洞穴内的岩画复制品,岩画已有 31 000 年的历史

专家对洞窟进行了放射性碳年代测定。据说,某些洞窟可追溯到之后的马格达林时代初期,虽然通常认为洞窟艺术要更久远一些。幸运的是,为了能够最好地保护遗迹,洞窟现已禁止对游客开放。这些壁画可能是用于萨满教和宗教"狩猎"仪式中的象征意象(我们将在后面的章节中探讨象征符号和仪式的用途)。

另一个令人神往的著名艺术洞窟群位于法国西南部的拉斯科,它被认为是保存了旧石器时代的一些最复杂精细的洞窟艺术。拉斯科洞窟是一系列相连的洞穴,洞中描绘了超过 2 000 种物种形象,其中包括马、野牛、猛犸象、野山羊、驯鹿、狮子、狼,甚至人类,时间上可以一直追溯到公元前 15 000 年前。据说,这些壁画是在 1949 年被一群法国孩童发现的,已

第 二 章　每一幅画都在讲述一个故事：图像、艺术和象征符号

成为原始艺术领域最重要的发现之一，它们以壁画的形式讲述了有关"狩猎"仪式和日常生活的故事。在迈克尔·洛基特博士（Dr. Michael Lockett）的《叙事的基本要素》（The Basics of Storytelling）一书中，据说民俗专家已在类似壁画的描绘中发现了一种记叙体。洛基特写道："人们相信岩洞是被用于狩猎和神秘的仪式。无论出于何种目的，故事和讲故事的方式经证实已流传了很久很久！"

拉斯科洞窟也存有丰富的雕刻画，甚至是抽象图案，它们很有可能是利用动物油脂填充的火把创作而成。像历史上的所有洞窟一样，拉斯科的艺术家们选择了这些隐蔽黑暗的地方，来描绘和传达对他们生活的这个世界的诠释与观感。那时的世界着眼于生存，因此，那些有助于人们生存的动物，就具有了特别重要的意义。但由于原址受到游客的破坏和风吹雨打的危害，拉斯科洞窟和其他洞窟的复制品正在兴建，而原址现仅对有资格的研究人员限制开放。

毋庸多言，洞穴壁画和艺术分散于历史的各个时期，遍布于世界各地，它们常常被联合国教育科学文化组织（UNESCO）指定为世界文化遗产地。许多洞窟描绘出它们各自的地域特点，但也有例外。例如，印度喀拉拉邦的额德考洞窟，它描绘了部落酋长及夫人的真实肖像。回溯到大约7 000年到8 000年前，图像与其说是艺术，更多的是用作"图片记录"，因为历史的进步凸显了文字的重要性。

北美洲的洞窟艺术

在北美地区,研究发现,上千年前的本土洞穴象形文字遍及美洲大陆,它常常描绘人类、动物和其他几何符号。丘马什印第安人因大量的洞穴壁画而为人所知,这些壁画归属于南加州地区的文化。这些图像画的是梦境、幻象还是天文符号?研究人员对此争论不休。就连年长的丘马什人在诠释他们祖先的艺术时,也会遇到困难。他们认为,那不仅连接着过去,而且也讲述了他们后代的故事。

在美洲发现的最古老洞窟艺术地之一,可追溯到至少6 000年前。没有人想到,田纳西州的坎伯兰高原竟保有这样一段独特的历史,但就在肯塔基州边界一直到北部亚拉巴马州地区周围分散的石窟中,考古学家们发现了最古老的洞窟和岩石艺术。田纳西州的这幅最古老猎人画像具有6 000年的历史,是美国同类绘画中最古老的一幅。这些洞窟是密西西比州东部洞窟聚集地的一部分,该区域被称为"黑暗地带"。在这里,考古学家不断发现新的洞窟。黑暗地带是本地人冒着风险在黑暗的地下创作艺术的地方,他们仅仅靠着火把和原始的照明完成艺术创作。洞穴一头的山洞口是明亮的地带,四周弥漫的光线能够照射进来。

大部分画像拥有500年到900年的历史,而最古老的图像来自田纳西州中部,包括坎伯兰高原上各种类型的洞穴,涵盖

第二章 每一幅画都在讲述一个故事：图像、艺术和象征符号

了凹形洞、穹形洞以及更宽敞、更适合参观的洞穴。大约800年前的象形文字似乎源于密西西比人。他们是今天东南部和中西部地区的部族祖先，似乎隶属于"东南方仪式集合——SECC"。这是1200年美洲大陆东部盛行的一项宗教活动，个中细节鲜为人知。

2013年6月，在一场名为"古田纳西州的洞穴壁画展现当地人思考深度"的会谈中，田纳西大学的人类学家扬·西梅克（Jan Simek）接受了美国有线电视新闻网的马特·史密斯（Matt Smith）的采访，他对洞窟壁画群的庞大规模做出以下评价："它所表达的是宇宙天体学。我们正试图表明，整个架构有着巨大的规模。"这些遍及94处的绘画有着独特的主题。44处地面上的作品以红色为主，可能代表了春夏两季的生命以及瞬息万变的天空。那些来自南边和西边的艺术品具有更强的冲击性。这些被发现的绘画，描绘的或许是一个"上层世界"，被气象、天空和闪烁的星光所笼罩，而位置接近地面的则更多集中描绘"中层世界"的人类、植物以及动物。在多幅图画里，画中人正在从事某项工作，据西梅克描述，人类在做一些"超自然"的事情。这与北美土著居民的观念十分吻合，他们认为，洞穴是自然世界和精神世界交界处较薄的区域，能够连接两个世界。

神、人同形同性论是这些洞穴中流行的主题，它首次出现在古风时期。画中的生物呈现出人类的外形，同时又有着明显的动物或鸟类特征，例如长着翅膀、夸张的长手指和兽角。

据西梅克描述，"在洞穴中发现的绝大部分艺术遗迹，刻画

的对象是非现实世界的角色,它们往往来自其他世界的蛇以及陪伴逝者在灵魂之路上前行的狗"。它们被涂成黑色,因此具有了更深层次的象征意义,而非仅仅是被捕获来作为晚餐的动物。这些神秘的生物被赋予了神话色彩,成为北美印第安人信仰的代表。它们比狩猎仪式中原始的雕刻或绘画的形象更加精美。坎伯兰高原壁画保护课题科研组的成员之一尼古拉斯·赫尔曼(Nicholas Herrmann)表示,在泥雕洞穴里发现的象形文字最为细致精美,它描绘了人类参加仪式活动时的模样,例如飞翔、变身和穿透岩石表面。另一种遍布于洞窟内的常见符号是圆圈。邓巴洞的图案以边框的形式呈现,圆圈内打了叉,并附有同心圆的象形文字。有趣的是,有些最初发现的形象似乎遭受了仪式化的肢解,被一根棍子穿透。

最古老的图像描绘的,是与野狼和豺狼等野生动物为伍的人类,或者手持工具、与蛇怪和凶猛野兽在一起的人类。有时候更多想象出来的形象,表明了绘画中心灵本性的描绘多于纯粹写实。西梅克说道:"这些发现告诉我们,坎伯兰高原上的史前人类出于种种目的使用这种相当独特的山地环境,宗教就是这个地方高远意义的一部分。"

古代涂画艺人和老派涂鸦

谁能想到,涂鸦艺术的根源可追溯到古埃及、古罗马和古希腊时代呢?谁能想到,在当今社会被我们视为破坏公共财物的黑帮标志和墙画艺术,竟在喷漆出现很久之前就已经产生了呢?

第二章 每一幅画都在讲述一个故事：图像、艺术和象征符号

涂鸦这个词本身来源于希腊文 graphein（书写）以及意大利文 graffiato（涂写），涂鸦这种绘画手法经常用于古寺庙墙面、陵墓、毁坏的石头和石柱上。目前已知最早的一幅古代涂鸦来自公元前 8 世纪，发现于意大利那不勒斯海湾的一座坟墓里。这幅涂鸦由希腊文组成，画在内斯特杯上。大批雕刻在大理石上的涂鸦在今天土耳其靠近士麦那的一个洞穴内被发掘，内容涉及各类事物，从棋盘游戏到祈祷文、符号，甚至还有侮辱性和色情评语，以及淫秽的形象。在考古新闻网（Archeology News Network，2013 年 4 月 19 日）的一篇采访中，希腊教授安耶洛斯·查尼奥迪斯（Angelos Chaniotis）谈到了下面这幅古代色情图。这幅图的用意在于，比赛或战争期间讽刺或羞辱对手。从这里我们可以猜想到，在远古的日常生活中，这些涂鸦相当于现代社会足球比赛中的欢呼声，或者是用于激怒或羞辱对手的嘘声。

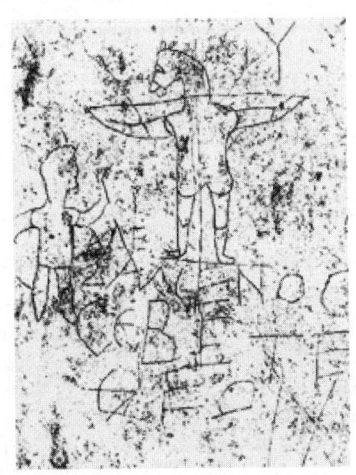

图 2-2 公元 2 世纪的异教徒涂鸦描绘了人们崇拜被钉在十字架上的驴或骡子。上面的铭文写着"亚历萨美诺斯敬仰上帝"（Alexamenos respects God），发现于意大利罗马帕拉蒂诺山博物馆中

无论以雕刻文字还是图画的形式，古代涂鸦描绘了当时的文化和生活方式。它常常是严肃的、讽刺的，同时也是幽默的、诙谐的。在庞贝古城发现的涂鸦，据说包含着那个时代的脏话，同时还有情诗、当地妓院的宣传广告、魔咒、政治口号、诅咒以及能够帮助洞察这一地域历史的至理名言。在玛雅文明、挪威和斯堪的纳维亚文明以及不列颠群岛发现了远古涂鸦。这表明在墙上涂写、雕刻和绘画作为一种表达方式，和当今城市文化中的涂鸦有着相同的作用。

原始艺术类别

如果没有发现洞窟，那么远古艺术家们便会利用周围的一切作画。岩画艺术可以分成三类：

1. 在岩石上进行切割和雕刻的岩画艺术。
2. 在岩石上描绘或绘制的岩画艺术。
3. 用岩石和巨石组成图案和形状的岩石象形艺术。

岩画艺术已被发现遍布世界各地，可回溯至几千年前，为文化的表达方式提供了现成的画布。历史上第一幅岩画的诞生可追溯到金属加工技术出现之前的新石器时代。金属加工技术的出现带来了青铜器和铁器时代，并为艺术的传递提供了更为复杂精细的媒介。在这两个时代，文字系统开始出现，并从古埃及传播到了古代中国。如前文中提到的，已知最古老的岩画位于印度的比莫贝卡特石窟，距今已有300 000年到700 000年

第二章 每一幅画都在讲述一个故事：图像、艺术和象征符号

的历史。在南非布隆伯斯洞窟，人们发现了距今70 000年前的岩石雕刻，尽管它只是由粗糙的网格和交叉的平行线所组成的标记。

许多岩画艺术既描绘了洞穴艺术中发现的形象，例如动物和狩猎场景，也包括人类，甚至是出现于7 000年至9 000年前的文字系统前身。这些文字系统的前身以象形文字和表意文字的形式出现。

象形文字既是图画，也是形象，代表了某种事物或者形似某种物体。在哥伦布发现美洲大陆前，由于许多形象都被雕刻或者画在岩壁和石头上，使用图画来象征某物被视为一种艺术形式。

表意文字仅仅只是一种符号、图画，或者是代表了一种见解或观念的形象，而非实际的物体。

青铜器时代使用的表意文字是文字体系的前身，由此演化出了埃及的象形文字、苏美尔人的楔形文字和中国的语标书写法。在学会文字之前，我们已经在使用图画和符号了，它们最终演变成了字母、语音以及更复杂的文字体系。

除了那些粗略的涂写、交叉平行线的印记和动物形状的标记外，一些可辨识的最古老岩画实际上是游牧民族的地图和路线指南，详细记录了水源的位置以及地形特征，还可能包括领土的边境线。稍晚出现的象形文字承载了一种强烈的宗教和文化意蕴，它可以作为传承后代的一种方式，有些类似于我们今天的墓志铭和题刻的历史遗迹。

符号象征和精神

　　于澳大利亚发现的土著岩画艺术，拥有至少 40 000 年的历史。这些岩画一并展现了那个时代已知的物种以及远古时代的神话人物。岩画用于帮助当地人了解周围世界。那些保存完好的洞窟里的石块以及露出地表的石头，有可能为原始部族提供了庇护场所，让他们的岩画作品得以留存下来。许多岩画本质上属于精神层面的作品，象征着当地人对这个世界的理解。

　　事实上，土著居民相信这些绘画包含了它们所代表的人和实体的精神力量，因此人们对此表达了无限的敬意，付出最大的努力去保护和保养这些画作。实际上，从古至今，人们一直在对它们进行修护和润色。尽管大多数是本土动物的形象，有些位于岩石和墙面顶端的绘画也被称作"精灵米米"。据说这些绘画是由米米创作的。米米是一种细长纤弱的生物，样子大多类似于细杆，生活在岩层的罅隙和角落里。米米也教会了当地人如何绘画、狩猎和创作乐曲，在绘画中它们经常处于跳舞、狩猎、争斗和奔跑的状态中。

第二章 每一幅画都在讲述一个故事：图像、艺术和象征符号

图 2-3 刻有符号的皮克特族石柱，发现于苏格兰安格斯的邓尼亨，是一种中世纪石刻艺术。图片来自《鲶鱼吉姆和肥皂托盘》（*Catfish Jim and the Soapdish*）

在非洲南部山脉中发现了 20 000 多幅由布须曼人创作的岩画。他们是以闪族人为代表的本地狩猎部落。这些在岩洞里和悬壁上的壁画，非常细致地描绘了各式各样的神奇生物。一些位于澳大利亚和非洲的最古老岩画可追溯到旧石器时代末期，通常具有重大的精神意义。某些形象与本土居民的神秘信仰息息相关，是在洞窟仪式进行期间创作的。这些文化中有许多本身就是巫术，并以骨头作为常见的主题，骨骼残骸和骨头装饰物代表了萨满教中的生死轮回。在岩画艺术中，另一类可识别的印迹包括不同类型和形状的鼓，它们也常常出现在萨满教的仪式、旅程甚至是入教仪式中。

近期，一支由拉里·本森（Larry Benson）带领的科罗拉多

大学研究团队，发现了有可能是北美地区现存最古老的岩画。他们利用高科技分析了这些来自内华达州西部的岩石切口，发现这些神秘的岩画可追溯到 10 500 年前，甚至 14 800 年前。岩画中有垂直链状符号，位于温尼马卡遗址，在里诺东北方大约 35 英里，它们由大而深的沟纹及圆点在石灰岩上组成复杂的图案，许多小的凹坑有可能用某种坚硬的石头刮刀制作。该团队在 2013 年 7 月的《考古科学》（Journal of Archeological Science）杂志上刊登了他们的发现。

地形艺术

岩石艺术中还有一类是大地岩画，出现在更广阔的地貌中。它们拥有恢宏的设计、巨大的图案和符号，创作于地表或地面上。大地岩画分为两大类：

凹雕艺术	挖掉岩石或其他地质材料，让地面显示出图案。
地质印痕	在地表放置、堆叠岩石或其他材质，从而构成某种图案。

科学家们在秘鲁南部纳斯卡沙漠里发现了闻名世界的"纳斯卡线条"，他们认为，这种线条形成于 400 年到 600 年间。这些地质印痕描绘了上百种图形，从简单的线条和几何形状，到更为复杂的飞禽走兽以及人类的模样。它们中尺寸最大的超过 660 米。人们将微红色沙漠表面的鹅卵石移走，露出地表下的

浅灰色岩层，形成了浅浅的沟槽，只有从高空或附近的山顶上才能看清图案。

虽然大多数的专家们赞同，这些线条有可能是通过借用木桩和工具，使用基本测绘技术来完成的，但是成因仍在争论之中。线条的作用被认为是有可能标示了冬至日太阳和月亮的位置，也可能是给那些能从天上看到这些图案的天神的献礼；有可能是一种描述了纳斯卡人宇宙观的原始天象仪，也有可能是一种宗教符号，表现了对山川、河流以及神性的崇拜。另外，还有更离奇的说法，比如被当地人误认为外星人用的航带或者古代飞机场。

近年来，在中东发现了另一种神秘的线条，从叙利亚延伸至沙特阿拉伯。人们实际上对这些地质印痕一无所知。欧文·亚鲁斯（Owen Jarus）于2011年9月在生命科学网（Live Science）上发布了一篇名为《从天上才能看到，中东发现了神秘的纳斯卡线条》(Visible Only From Above, Mystifying Nazca Lines Discovered in Mideast)的文章。在这篇文章中，他表示，这些遗址至少有2 000年的历史，以轮状的形式出现，虽然岩石结构多种多样，但都具有一个共性，即内部有辐射状条纹的圆圈。它们中很多都出现在火山岩层上，据测有230米。西澳大利亚大学古典文学和远古历史学教授大卫·肯尼迪（David Kennedy）表示，约旦地区拥有比纳斯卡线条更多的石头建筑群，覆盖了更广阔的地域。

这项新发现是长期空中勘察项目的一部分，考察了横跨约旦的所有考古点。虽然肯尼迪和他的同事们发现了一些事物，这其中包括用于捕获和猎杀动物的轮状石头构造和风筝状石头地貌，也包括了葬礼上的垂饰，还有看起来似乎毫无目的、绵延数百米的墙壁，但是研究人员仍然没能搞清楚，这些结构对数千年前的建造者而言意味着什么。目前并未发现石轮里的轮辐和任何行星或宇宙现象存在关联，也不存在更深层次的意义或者图案，可能仅仅是作为朝圣、举行仪式或祭祀的地方，就像其他石头环一样，例如英国的巨石阵（详见第七章）。

其他艺术形式

当地文化的视觉艺术总能够与周围环境相关联，并以其他形式贯穿整个历史。在位于韩国的洞穴内，发现了40 000年前鹿骨上的雕刻，以及可追溯到100 000年前的旧石器时代中期的古器物。这说明，这些器具是有表现力的艺术品，而非只是被用作工具。公元前18 000年到公元前8 000年的石器时代，也称作北美的古印第安人时代，岩画并不是那些希望通过视觉手段留下印记的人唯一的表达方式。骨雕、珠饰、篓编织品、陶器、原始的珠宝和雕塑，甚至是图腾柱和木雕，都让交流形式变得更加多维化。

在佛罗里达州的维罗海滩发现的最古老骨雕，拥有超过10 000年的历史。在人类的骸骨旁，发现了已经灭绝的更新世时期动物骸骨，这些骸骨来自猛犸象或乳齿象，上面雕刻着

第二章 每一幅画都在讲述一个故事：图像、艺术和象征符号

比例适当的猛犸象蚀刻作品。从公元前8000年至公元前800年，绘画逐步发展为用于更复杂精致的古代篮子、石具、箭头、石栏、木头和陶器制作中。一千多年以前的阿拉斯加、加拿大北极圈以及格陵兰岛因纽特文化中，面具雕刻和海象与抹香鲸的长牙被用于仪式和装饰品上。每一种文化都有其渐进的视觉表达历史，很快，工具、篮子、罐子和衣物等物品都可以作为视觉表达的载体，即使它们功能和用途各异。面具和珠子装饰品经常带有超自然或萨满教的象征符号，被广泛地应用于狩猎和其他仪式中，有时用于表达对神灵的敬畏，有时用于辟邪。

用附近红雪松的树干雕刻而成的图腾柱，是一种有趣的艺术形式，源自太平洋西北部的本土文化。"图腾"一词来自齐佩瓦人的"odoodem"，意思是"血缘关系群体"。图腾柱通常是富贵或拥有特权家族的象征，就好像是一种木质盾章或家族徽章。

图腾雕刻可能起源于夏洛特皇后群岛，这种柱体雕刻在流传到不列颠哥伦比亚省和北华盛顿州的临海部落前，先传到了邻近的岛屿。由于这些柱体被雕刻得杂乱无章，他们开始使用更加精细的铁质工具，更复杂的雕刻制品也随之应运而生。

虽然图腾经常用于记录完整的家谱图，或者描绘家族历史，但大多数则是出于艺术的目的而创作。有些图腾柱甚至记录了特殊的历史事件和文化信仰。这种文化信仰可能只有拥有这个

图腾柱的家族才能辨别出来。专用于羞辱某个家族的图腾柱上会有一个巨大的红字。今天，我们会在某个人的家门前画上重要标记，但是在文字出现之前，人们用艺术品来进行庆祝或者羞辱他人。

　　房屋前的图腾柱用于向所有人展示家族的功勋。图腾柱似乎很少用于拜神（几乎没有），更多是吹嘘当地宗族的成就。这些成就按重要性从上至下排序，因此这可能是谚语"图腾柱上的小人物"的来源。今天，我们用独栋别墅和停在私人车道上的豪车来彰显自己的地位，而过去图腾柱则是用来让当地人知道，谁才是这里的老大。

赭石——原始的涂料

　　远古艺术家们在泥土、岩石、骨头、洞穴、树干和其他天然画布上进行绘画和雕刻。古代艺术家们热衷于开发出更多的载体，例如莎草纸和纺织物。有些早期的岩画和壁画用赭石创作。赭石是一种可以用作涂料的铁氧化物，它可以留下红色、黄色或棕色的痕迹，甚至可以用于陶器和人的文身上。据传，赭石能驱赶昆虫和蚊子，赭石也常常混入碎骨、木炭和贝壳，变得更有质感。在南非布隆伯斯洞穴中，赭石已被用于创作一些现存最古老的洞穴艺术。刻有抽象图案的赭石拥有70 000年的历史。科学家们已经在布隆伯斯洞穴和其他遗址中发现了更早使用赭石的痕迹，大概拥有165 000年的历史。

　　人们从鲍鱼壳和其他物品上发现，如同现在我们作画前会

第二章 每一幅画都在讲述一个故事：图像、艺术和象征符号

寻找合适的颜色一样，远古艺术家们在绘画前也会将赭石进行混合搅拌，以获得理想的颜色。根据现代科学网一篇题为《未雨绸缪的史前画家们》(Prehistory Painters Planned Ahead, 2011年10月13日)的文章所报道，挪威卑尔根大学的克里斯托弗·亨希尔伍德（Christopher Henshilwood）和他的同事们在布隆伯斯洞穴发现了两个赭石加工"工具包"，被发现时它们处在同一层，且仅仅相隔16厘米，二者非常相似："都由塞满赭石、碎骨和木炭混合物的鲍鱼壳组成。"这个团队使用了一种叫作"光释光"的技术发现，两个"工具包"均拥有超过100 000年的历史。这一科学方法的原理是检测地层中的沙粒在无法接触日光的地方所处的时间。研究团队告诉现代科学网："两个贝壳里都有明显用于碾磨混合物赭石染色的石英岩。其中一个贝壳里发现了犬科动物的前臂骨的一部分，有可能是狼或狐狸，研究人员认为这可能是用来搅拌或将颜料移出贝壳的。"

古艺术品测年法

虽然测定史前和古代艺术品的年代比较困难，但在通常情况下，我们还是能够回答一些有关人类创作的艺术品年代的问题。

最早的艺术品出现在300 000年到700 000年前的石器时代。石器时代被分成三个主要阶段：

旧石器时代 （公元前 2500000—前 10000 年）	狩猎时代
中石器时代 （公元前 10000—前 4000 年）	渔业和农耕时代的开端
新石器时代 （公元前 4000—前 2000 年）	农耕时代

最早的艺术是岩画，之后出现了骨雕、木雕、石雕、壁画、浮雕和陶雕，最后出现了建筑。生活在大约公元前 1000000 年到公元前 300000 年前的旧石器时代早期的第一代艺术家们是直立猿人的后代。公元前 40000 年到公元前 10000 年前的旧石器时代末期，欧洲地区开始出现文字和艺术。专家们认为远古艺术更注重其美学性质，而非它们的功能性。

雕像和雕塑是另一种早期的艺术表现形式。还有陶瓷艺术和陶器，除了用作装饰外，它们同样还具有实用性。在雕塑和绘画中，人类是最受欢迎的图案，常常还会出现动物、仪式和自然的形象。这些形象，尤其是以女性形象出现的图案，很多都传达了一个明确的观点——丰饶多产。许多著名的最早女性形象雕塑是欧洲的"维纳斯"，有着夸张的女性乳房和生殖器、腹部、臀部和大腿，意在描绘一个丰乳肥臀的女性形象。其他这种形象很明显旨在表达对女神的崇拜，但这些形象强调的是女性繁衍多产和迷人的特质。

石器时代最古老的雕像之一是贝列卡特蓝的维纳斯，时间介于公元前 50000 年到公元前 230000 年间。这尊雕像加工粗糙，并且难以辨认。在 1981 年叙利亚和以色列之间戈兰高地

➡ 第二章　每一幅画都在讲述一个故事：图像、艺术和象征符号

的一次考古挖掘中，这尊雕像被考古学家 N. 格伦-因巴尔（N. Goren-Inbar）发现。雕像的切口说明了它是用尖锐的石头加工而成，展示出了一个女性的形象。她的姐妹版——坦坦的维纳斯，在摩洛哥被发现，据说因为太过相似，因此有可能出自同一个人的手笔。

之后，青铜器时代的维纳斯雕像变得更加复杂精细。显然，青铜器完全取代了天然粗糙的石器加工产品。青铜器时代（公元前 3000—前 1200 年）是一个冶金术、青铜、黄金、白银器具的使用以及制陶术盛行的时代。

回顾陶器的历史

中国不仅是世界上第一个使用瓷器的国家，而且也有可能率先发明了制陶术。在中国江西的仙人洞已经发现了距今 20 000 年历史的小片陶器。许多学者认为，陶器起源于日本，但是这项新发现表明它起源于中国，并迅速传到了日本。在那里发现了同一时代的陶器。

陶器和瓦器用各种被称作"陶坯"的黏土制成，意思是它们在进窑烧制之前依然保持相当的柔软性，并能够形成各种形状。之后可以用窑炉的热度让黏土定型。陶器以实用性为主，但是在历史上也同样起着装饰的作用，通过在表面进行雕刻或使用釉下彩让陶器起到装饰的作用。在稍晚的时代，则会使用釉里彩或直接在釉上进行装饰。

在以木头或煤炭为燃料、用砖石砌成的窑炉出现之前，古

代有可能在土堆、沟渠或者火坑里来烧制陶器。一种文明要想使用陶器，首先必须拥有可使用的黏土，中国有着巨大的矿床，陶器正是诞生于此。最初的陶器是手工成型的，采用一种叫作"捏卷"的方法制作出类似器皿的效果。第一个陶制圆盘出现在公元前6000年到公元前4000年的美索不达米亚平原。瓷器最早出现在中国的唐代（618年到906年）。因此制陶术的应用能够传播盛行于日本、印度、欧洲和伊斯兰世界，并且随着越来越多发掘、加工和烧制黏土方法的出现，公元前11000年撒哈拉沙漠以南的非洲和同时期的南美洲地区陶器的应用均得到了自由发展。每一种文化都拥有其自身的风格，往往反映了文化本身的特质，而一些陶器似乎只是起到了纯粹的装饰作用。毕竟谁会愿意盯着一个无聊的罐子看？

顺便提一下，陶器的碎片被称为"sherds"。下次陶瓷花盆掉在厨房地上时，一定要记住这个单词！

稍晚出现的艺术形式

铁器时代（公元前1500—前200年）末期，艺术进入了一个伟大的时代。这个时代出现了经典而繁盛的古希腊雕塑和陶器、古罗马艺术、古印度艺术以及早期中国制陶术。随着公元前3500年到公元前331年古代文明在美索不达米亚平原的传播，苏美尔人开始建造寺庙、"金"字形神塔和神像，那时的阿卡得人、巴比伦人、亚述人和波斯人创造了更多复杂的艺术和建筑

第二章 每一幅画都在讲述一个故事：图像、艺术和象征符号

表现形式，包括石碑，它被用来刻写公元前2000年的首部法典（古巴比伦帝国的《汉谟拉比法典》）。

公元前3200年至公元前1340年，随着陵墓、金字塔和来世观念的出现，古埃及艺术开始繁盛起来。古埃及艺术和雕塑专注于塑造权威人物、神和女神，以及王朝的艺术形象。大约在公元前2800年，古埃及人首次创作了坐式和站立式雕像，并且设计了精美的巨石制陵墓、规模宏大的寺庙以及用金箔、青铜和天青石制成的雕像。

古中国、古印度、古埃及、古希腊、古罗马和其他地区先进的古代文化艺术，是形成文字系统前的最后发展阶段（下一章将涉及）。这种艺术大部分都具有宗教性质，如古埃及艺术。因为这种文化关注的仅仅是自身的宗教信仰和逐渐形成的习俗。古埃及艺术是整齐有序的，以简单的线条和形状为主要特色，它描绘了神明和法老，他们中的许多在当时都被认为是神圣的，以众神之王的身份出现。权力和秩序是高度象征化的，比如众神或者女神的符号，甚至是与之相关联的色彩和地域。黄色显然是用来代表太阳神，红色象征权力、生命力甚至战争中的指挥权。动物也常常用于象征人和神。

像狮身人面像和金字塔这样的陵墓和大型建筑是实实在在的艺术和建筑。墓穴、石室陵墓和古王国金字塔，带来了更多复杂的中王国时期雕塑，接着产生了图坦卡蒙和拉美西斯二世统治的新王国时期皇家陵墓和寺庙群，这个时代还出现了陪葬文献——死亡之书。

芝加哥大学东方研究院研究发现，对那些还不会阅读的古埃及人而言，艺术是一种交流方式，它也用于为后代记载日常生活，同时为葬礼和宗教仪式提供装饰和祭品。艺术不只是用于欣赏，它意味着某些事物，包括古埃及建筑上常见的壁画，毫无疑问都是艺术家们出于一个共同目的和寓意而创作的。由于近3 000年以来古埃及对西方卓越文明的重要意义，人们开设了一门叫埃及古物学的科目，专注于研究这个文明大国的艺术、建筑和历史。

希腊的影响

铁器时代的希腊艺术大约起源于公元前1500年的欧洲，几乎同时期的中国出现了第一个青铜器。埃及、希腊和伊特鲁里亚艺术有可能影响了当时的罗马艺术。希腊艺术分为三个独具特色的时期：

1. 古风时期（公元前600—前500年）。

2. 古典时期（公元前500—前323年）。

3. 希腊化时期（公元前323—前27年）。

希腊艺术的演变和他们对人文教育的重视互相呼应，这在很大程度上反映在赞美人类的雕塑、陶器和建筑上。伊特鲁里亚人生活在公元前6世纪至公元前5世纪的意大利，随他们一同而来的还有很多风格多样的青铜雕塑、坟墓和石棺。罗马人企图消灭希腊和伊特鲁里亚人的文化和艺术，但是失败了。在

第二章 每一幅画都在讲述一个故事：图像、艺术和象征符号

创造出用于建造大型建筑、巨幅壁画和神像的标志性风格前，他们剽窃了希腊和伊特鲁里亚的文化，并且用古罗马语将其更名。

希腊艺术经历了各不相同的四个时期：

1. 几何时期（公元前1600—前800年，又名迈锡尼时期）——陶器、杯子和坟墓标记常常带有几何状的带角花纹，有时候还有战争中手执长棍的人们。

2. 古风时期（公元前700—前500年）——瓶子、雕塑、绘画以及熔解再利用的青铜雕塑上有很多叙事性的图集。

3. 古典时期（公元前500—前323年）——古希腊艺术的巅峰和黄金时期。瓶画变得更加复杂精致，青铜像和雕塑得到繁荣发展。这一时期主要建筑是寺庙，为希腊神话中众神和女神而建造，例如，用来祭祀雅典娜女神的雅典帕提侬神庙。

4. 希腊化时期（公元前323—前146年）——该时期是指在希腊被罗马帝国吞并之前。这一时期以希腊实际成为罗马帝国的一部分而终结。在这个时期，希腊的文化艺术传到了世界各地，并产生了深远影响。艺术和雕塑变得更具有行为导向力，经常刻画暴力和战争，以及各种神话中的神灵和动物。

希腊化的艺术影响了罗马，罗马吸收了所有希腊的事物，并且明显可以看出罗马对希腊艺术品的复制。罗马伟大的艺术作品之一在庞贝古城或其附近被发现，埋葬于公元79年维苏威火山喷发的火山灰之下。人们在画有罗马神话场景的墙附近，

发现了镶嵌图案和小块的、可组成特定画面的彩色石头。罗马艺术家因这些东西而成名。神话则又一次成为罗马艺术、雕刻、雕像、建筑和陶器的主题（下一章，我们将探究其中的原因）。

艺术史集训课是非常有必要的，因为每一个时代都需要10本书去讲述。使用各文明的手段以及新发现和发展去传授人类的经验，这个想法能够清晰展示艺术表现复杂手段的发展过程。无论我们探讨的是古代日本的陶瓷、形如螃蟹的秘鲁喷壶、女神小雕像，还是类似狮身人面像的墓穴，原始古代艺术似乎有意要告诉我们一些事物，传递关于特定环境、文化或创作者生活时代的信息。从韩国的古墓壁画和古代日本的窑烧陶器，到新石器时代中欧巨型石雕与绘有精美图案的陶器，或者公元前1世纪在凯尔特地区发现的刻有乐谱的镜子，抑或是在西欧和中欧仪式上用的青铜斧和装饰头盔，以及秘鲁莫切文明中富有表现力且独一无二的黄金头饰，艺术已成为一种通过视觉来讲述的手段，告知我们在世界上的位置、在自己家中、社区和村庄的地位，以及我们如何通过历史的进程看清周围这个世界——我们怎样理解它，并且设法传递我们的看法。

从史前艺术到古代古典艺术的发展过程，揭示了艺术创作中心的显著变化。最初的岩石和洞窟艺术，以及其他更古老的艺术形式强调了动物、自然、狩猎和生存。之后的艺术关注的是宇宙、繁殖、战争、角斗、地方制度、众神和女神、宗教信仰和仪式，以及死亡和来世的谜团。人体被检查、镌刻、涂画和雕琢，女性和有性生殖的相互联系被赋予了特殊的地位。同时一起拥有特殊地位的还包括重要的神灵和神话中的生物，它们代表了我们还无法用科学去解释的自然力量。

3D 艺术

在三维艺术快速发展的过程中，雕塑、陶器、面具和雕像展现出了比平面岩石和壁画艺术更强的表现力。随着工具变得更加复杂精细，我们也拥有了更强的能力去创造它们。

即使在信息和观念的传播过程中，所有文化相互交织在一起，每一种文化仍保有自己的艺术和考古历史特色。

信息交换理论研究并模拟了信息在相互联系的人之间的交流过程。在一篇题为《艺术即信息：诠释西欧旧石器时代晚期的艺术》（*Art As Information: Explaining Upper Paleolithic Art in Western Europe*）的有趣论文中，作者 C. 迈克尔·巴顿（C. Michael Barton）、G. A. 克拉克（G. A. Clark）和阿里森·E. 科恩（Allison E. Gohen）研究了旧石器时代末期艺术在时间和空间上的分布，同时着眼于艺术风格如何在当时发挥信息交流这个重要的社会功能。他们的调查也被认为对其他地区具有指导性和适用性意义。对研究人员而言，风格是艺术用于交流的一种标志。信息交换理论认为，不以实用性和功能性为目的的风格元素，主要被用在信息传递上。他们以一个投矛器的艺术品为例。它具有一定功能性，能影响个人或群体的健康。但是，如果那个投矛器被刻成马的形象，那么它就是风格化的，定义上呈选择中性。马的形象意在传达某些信息。可能对于某些宗族、部落或群体而言,马有着特殊含义,只有这些人才能明白这个艺术品所传递的信息。投矛器的形象实际上也具有一定的功能性。艺术以及与之相配套的联合网络也可以作为传播信息流的一种渠道。联合网络越庞大,就会有越多的信息交换方式。作者写道:"信息倾向于沿着谈判所定义和维护的渠道流动。联合包含了可变的承诺和延续时间,并使用了多种方法在不同规模上进行了定义,它具有很多功能,其中一些还有实质性的关联。"沿着联合通道的信息能够用来增长环境知识,获取资源。

艺术可通过某种独特的风格来传播信息。这种风格能够反映出某种文化、社会信仰、地理位置、经历,并且能够解释这种风格起源地人们的那些经历。风格是一种语言,从某种意义而言,能够通过可视的艺术表现形式进行信息交流。

使用视觉手段去诉说某些事情和传播信息(即使是隐藏的信息),这在复杂的文字交流体系出现之前就已经出现了。即使只是一个孩子,在他或她能够灵活机智地使用铅笔之前,或者在今天,使用平板电脑或电脑写出一部小说之前,都会先用蜡笔勾勒出粗略的形象。艺术为更伟大的知识与信息传播方式和模式铺平了道路。虽然一幅画可能需要 1 000 个字去解释,但是对我们而言,社会的进步和演变似乎需要用 10 000 字、100 000 字甚至 1 000 000 字去表达。

由此,我们开始了书写。

VIRAL MYTHOLOGY

第三章

关于众神和女神:文字世界的崛起

> 神话是大众的梦想,梦想是私人的神话。
>
> ——约瑟夫·坎贝尔(Joseph Campbell)

> 所以,我们并不希望将神话学作为一门学科来传授,而是希望将它作为学习中的放松;将故事的魅力注入我们的工作中,但同时也用它去传授教育方面重要的一门知识。
>
> ——托马斯·布尔芬奇(Thomas Bulfinch)

> 科学必须以神话为开端,而且必须批判神话。
>
> ——卡尔·波普尔(Karl Popper)

口述传统的问题主要存在于,以口头形式传递的信息会被曲解、误会和错误地传达。我们都经历过这种时刻,向别人传达一些从别处听来的口信时,我们总会忘记一些关键词;或者在我们收到这条消息之前,会听到别人添油加醋的小道消息;

➡ 第三章 关于众神和女神：文字世界的崛起 ⬅

又比如那些家族故事，似乎每一代的版本都有一些不同。

象征符号和艺术的问题在于，它们并不能总是正确地被解读，除非我们就是实际的创作者。我们从来都无法真正知道象征符号、绘画、岩画，或者一幅精美的图画想要表达什么。天啊，我们甚至仍旧不清楚，究竟是什么让蒙娜丽莎微笑的！

因此，用更精密、合理和复杂的方式去传递信息的需求，导致了文字形式逐渐自发地出现。我们的祖先发明了一种带字母、数字甚至象形文字的文字体系，这让他们具备了深入交流的能力，他们希望传达更多相关信息：他们是谁，如何生存，有着什么样的观念。

极少数人在学会画画之前就开始写字，也很少有人在牙牙学语前就学会了写字。和人类的进化一样，表达形式的发展也存在着一定的顺序。

开端……

通常认为，古代美索不达米亚平原的苏美尔人创造了最早的文字，这些文字可追溯到大约公元前3500年。事实上，这种文字只不过是泥板上的象形图案，意在表现一个物体或者一种观念，并不是我们认为的真正文字系统。但是"楔形文字"的发明，却要归功于美索不达米亚地区的人们。楔形文字是字母文字体系的先驱。这些字体起初只是黏土表面的简单线条和划痕，而后逐渐进化为使用芦苇笔或其他尖锐物体刻在黏土内的精细"楔形符号"。楔形文字既有语音功能，也有语义功能，它既能代表某种发音，也能表示某种意思。它的出现让交流不再局限于图画，进而达到了一个全新的水平。楔形文字得以标准化之后，更多部落都能识别这种文字，比如，在苏美尔人、巴比伦人、阿卡德人、赫梯人、古波斯人的部落中，楔形文字用于交流和沟通已有超过 3 000 年的时间。

大约在同一时期，公元前 3100 年，苏美尔人发明了数字，这让他们能够记载物体的尺寸和数量，推动了他们的交流方式从简单的象形文字向复杂的表意系统过渡。在这个系统中，一个符号可以代表一种想法或观念。

美索不达米亚地区南部苏美尔的乌鲁克，被视为第一座"真正的城市"。它位于今天的伊拉克境内，这里是文明的摇篮，人类在这里取得了显著的进步。人们不再仅仅关注生存，同时开始注重文化交流。与此同时，人们对于记录物品的需求开始增长，尤其是那些用于交易、售卖和交换的物品。因此，书写成为一种适时的需要，也为地方法、风俗、章程和仪式提供了一种比口头交流留存更久的记录方式，同时为寺庙的僧侣提供了一种真正的记录交易的方式。在当时，寺庙的僧侣负责记录作物、动物以及其他商店和农场出售的物品。《人类创造了自己》(Man Makes Himself) 一书的作者、考古学家 V. 戈登·蔡尔德 (V. Gordon Childe) 表示，真正文明的主要标志之一是标准计量和书写的出现。

芝加哥大学东方研究院认为，书写的发明拉开了信息革命

第三章　关于众神和女神：文字世界的崛起

的序幕。书写是文化和技术上的一项伟大进步，它让信息能够以资讯、观点和创新的形式传送到更遥远的地方，而不再依赖信息的记忆。大约公元前 3000 年，继苏美尔之后，埃及也很快发明了书写体系（虽然一些考古学家认为，古埃及文字起源于大约公元前 3400 年）。它有点类似于楔形文字，可能用于记录，也可能用于祭祀神明。象形文字是认知度最广泛的字体，虽然距今最近的一块象形文字石雕还要追溯到 394 年。"Hieroglyph"（象形文字）这个词本身来自希腊语 "hieros"（意为"神圣的"）以及 "gluptien"（表示"刻在石头上"）。而随着时间的推移，古埃及人还发明了其他的体系。

公元前 2300 年至公元前 700 年，僧侣体得到了发展。这种手写体用于行政和非纪念性的文章。直到公元前 661 年至公元前 332 年末期"通俗"字体的引入，这种状况才有所改变。"通俗"字体是僧侣字体的缩写版。随即科普特文字在公元 1 世纪诞生。

与此同时，大约在公元前 1200 年，中国发明了"甲骨文"，用于记录历史。它由开裂的牛肩胛骨和龟甲制成，人们用滚烫的棍子在上面刻出各式各样的图案。随着时代的变迁，出于不同的目的，汉字也在不断进化和发展。用于记录的隶书出现在公元前 200 年。书法被视为最高等的艺术形式。字体以完美的比例、平衡和结构为特征。学者认为，汉字书写体系的发展与苏美尔/埃及文字体系并无关联，因为它和楔形文字没有什么相似之处。汉字有着独特的语标体系，用符号代替完整的词汇。

大约在公元前 3000 年，印度西北部的印度河流域，即现今的巴基斯坦出现了文字体系。它们更多的是原始书写系统或符号体，而非中国的语标体系。此后大约公元前 600 年，墨西哥和美洲中部地区也出现了独立的文字体系。

从原始书写体系到真正的书写系统

文字的进化经历了许多阶段，从以简单明了的图像为特点的原始书写系统到符号体系，再到按照字母顺序排列成体系的真正书写系统。在《文字研究》（*A Study of Writing*）一书中，作者芝加哥大学语言学教授伊格纳茨·J. 盖尔布（Ignace J. Gelb）博士认为，文字发展不同阶段的正确顺序如下：

1. 象形文字——基本上由图画和易辨识的形象组成，书写或雕刻的符号和任何语音之间没有关联。

2. 语标文字——一个文字符号对应口语中的一个实际词汇。

3. 音节文字——一个符号或者字形代表一个单一的音节，元音跟在辅音之后，有时候以辅音结尾。

4. 字母文字——一个符号或者字形代表一个实际的发音，即每个字符都有一个发音。

原始书写系统进化到真正的书写体系经历了三段里程碑式的发展阶段。第一个阶段是象形文字系统，即用字形直接表示一种物体或观念；第二个阶段是过渡体系，即字形不仅指物体和观念，还代表物体实际的名称；第三个阶段是语音体系，在这个体系中，字形可以代表一个完整单词（简写）、音节或基础的字母发音。

真正的字母表

第一个真正的字母表可能出自公元前 8 世纪末期的希腊人之手。希腊人是最早把发音分成元音和辅音的人，但是希腊字母大量借鉴了更早的腓尼基人的文字体系。两个体系的字母和顺序是相同的，只不过希腊语的元音字母中还包含有单独的字母。欧洲现代字母表便是由希腊字母表演变而来的。

然而，还存在另一种关于字母表起源的猜想。这个猜想认为，字母表诞生于大约公元前 1800 年的古埃及，出自生活在地中海东海岸的闪族人之手。这是一种简短的、包含名称和固定顺序的 22 个字符的字母表，它最有可能是通过腓尼基商人流传开。希腊人看到这个字母表之后，将元音引入其中，从而创造出自己的字母表。事实上，希腊字母表的头两个单词是"alpha"（a）和"beta"（β），连在一起就组成了"alphabet"（字母表）。

正如图像系统一样，书写体系也很快传播开来。或者各种文明出于各自不同目的创造了自己的文字。随着经济和贸易的发展以及记录宗教、行政和法律方面复杂文献的必要性，书写体系不断得到发展。书写体系起初可能用于表述法律法规和数字，或者用于记录某人在什么时候、从谁那里、花了多少钱、买了多少头羊；它很快也演变成了一种艺术表现形式。信息并不总是初级的、关于生存的、世俗的。由于各自文化因素的影响，书写体系的进化并非在很短的时间内完成，或者发生在一夜之间。符号和字形包含了一个文明所有的知识和希望传于后世的信息，但随着自身不断进化，这些符号和字符变得更复杂，同时，人们对更精细文字体系的需求也在不断增长。我们再一次发现这其中的相似之处：孩子们的学习工具从蜡笔和白纸，变成了铅笔、钢笔和横格纸，再到台式机和平板电脑；再如，小时候他们只会将自己的名字潦草地写在画着太阳和花朵的图画上，长大后他们能够撰写结构复杂、内容丰富的书籍。

表达观点的故事，实际上就是我们自身进化的故事。

有时候信息以自己的方式讲述着自己的故事。对于古代文明而言，神话和宗教的文字是表达观点的最初形式，它向外界传达了一种文化的基本信仰。由于科学认知的不足，过去的人们经常将大自然的现象认为是神与女神以及其他事物的杰作。今天，我们知道了是什么引起了雷电，知道如何用科学的知识去解释这种自然现象的成因，它不再是神秘的。即使这样，我们仍然对自然界充满敬畏。但对我们远古的祖先而言，这却仿佛是一个大不相同的世界。自然界充满了自己的故事，它期待着被讲述、被了解。

最初的故事

毫无疑问，最初的故事是关于神话和创世记／人类起源传

第三章 关于众神和女神：文字世界的崛起

说，它们是文化起源观念和理论的框架——他们认为自己是谁，如何到这儿的，他们在广阔的世界中处在什么样的位置。什么是神话？

按照词典网（Dictionary.com）的解释，神话是：

1. 一个传统或传说的故事，常常涉及人物、英雄或事件。这些故事关注的是神或半神，以及解释一些日常惯例、仪式或者自然现象。可能基于确凿的事实基础，提供合理的解释，也有可能毫无根据。

2. 神话领域的故事或事件。

3. 任何虚构的故事、看法或者观念：对事件的描述纯粹基于神话。

4. 一个想象或虚构的人或事。

5. 一种未经证实或错误的集体信仰，其目的是用于证明社会制度合法性。

"神话"一词源自拉丁语和希腊语"mythos"，意思是"故事、文字"，可追溯到1820年。

正如我们所见，那些我们最熟悉的神话有虚构的成分，但也真实地记录了一部分历史，因为这些神话都是特定区域或文化的产物。神话中包含着来自世界各地的主题、母题和象征符号，有助于解释我们周围这个世界。人们常常将神话、寓言、传奇、民间传说混淆在一块儿，虽然后三者可能包含了一些神话的元素。真正的神话通常并不具有太多的娱乐性，它更多的是以幻想出来的故事来传递宗教、精神以及大自然的信息。神话中所包含的神和生物大多都是不存在的，即使存在，也不是神话中描述的那样。

神话是经由口头或书面传递下来的，在某一特定的文化环境中，它可能是正确的，但在其他文化中，可能就并非如此。但是神话也能够作为一种隐喻，帮助人们理解那些不能直接明白的事物。世界最著名和最受尊敬的比较神话学家约瑟夫·坎贝尔称神话为"通过比喻的手法使其超然性得以理解"。超然性指的是超越了我们理解和意识的状态。在《神话的力量》（*The Power of Myth*）一书中，坎贝尔写道："神话不是谎言，而是诗歌，它具有隐喻性。据说神话是最接近真实的——说它最接近真实，是因为它最终无法言喻。神话已然超越了文字、图画以及佛教生死轮回的边界。神话让人的意识超越边界，抵达只可意会不可言传的境界。"

神话不是绝对的事实，但可以被描述成一个相对的事实，仅针对相信这个神话的文明。在这种文明中，神话本身讲述了它对这个文明的看法，以及它是如何为混沌的世界建立新秩序。神话包含了事实、真相和历史事件，例如地震、战争和陨石撞击的现象，是我们作为一个物种讲述世界的方式。但它们不是纯粹的新闻报道。

宗教史教授、作家米尔恰·伊利亚德（Mircea Eliade）认为，神话是宗教必不可少的基本元素。其他宗教学者则认为，神话是宗教固有的一部分，因为它是宗教的神圣典籍，其中包含可能受到神力启发的智慧和真理。

第三章 关于众神和女神：文字世界的崛起

如果我们看看传统的宗教文献和故事，也许会发现，神话在讲述某种文化中含义深远的真理，而这种文化又信奉着某个独特的宗教传统。并非所有的宗教故事都可以被称为神话，但在它们的对比中，有一些看起来显而易见。《圣经》故事可被视为中东神话，充满了预言、传奇、神的传说、拥有超能力的人、不可思议的事件、巨大的洪灾和战争——人类由圣母、天使和恶魔衍生而来，世界各地的神话都包含了相同的素材，但可能只是名字不同。神话和宗教故事有着许多共同点，包括：

1. 史前的空白、虚无和伊甸园的创世记故事。
2. 经受了死亡和复活的神的故事；生—死—重生的主题。
3. 世界的中轴，以及宇宙或世界的中心。
4. 正义对抗邪恶以及因果报应的主题。
5. 经历磨难和历练的英雄或天选之神。
6. 大洪水。

神话也分门别类，包括以下几个方面：

1. 关于人类起源和创世记故事的神话。
2. 关于梦境与幻想的神话。
3. 原型类的神话。
4. 神圣历史的神话。
5. 关于原始科学知识的神话。
6. 关于宗教、精神或者超自然事件的神话。
7. 关于个人历练/英雄征途的神话。
8. 统治阶层的神话。

9. 关于道德、伦理和主要信仰的神话。

虽然一些人很快便将那些神话和宗教中关于生死轮回的故事弃之不理。这看起来并非真实存在的。关于历史、文化甚至科学真理的信息被包含于神话之中，这些神话关乎英雄事迹、救赎和重生，关乎生命、爱与生存。通过隐藏于神话中的那些关于神和女神、生物和野兽、战争和搏斗、会说话的树木和燃烧的荆棘、会变身的人类和动物，我们或许可以确切了解古人对周遭世界的认知，以及在他们眼中世界是如何运作的。

共同的主题、母题和象征符号

对于神话和宗教，某些主题、母题或者象征符号似乎贯穿和跨越了文化与社会的界限。这些相似之处讲述了对那些复杂的"超自然"的元素的理解，比如创世记，以及我们在宇宙格局中的位置。创世神话中有序的世界起源于混沌或黑暗的虚无；起源于光明与开天辟地；起源于一个无法想象且无形无状的、按照神的旨意存在的宇宙；起源于从原生汤中诞生的神、半神和人类的意愿；起源于宇宙中的三界，即大地、天空和海洋，或天堂、地狱和人间。

一些共同的主题、母题和象征符号为：

1. 命运与宿命。

2. 业报与复仇。

3. 爱情与婚姻/繁衍/美。

4. 生 / 死 / 重生的轮回 / 自然循环 / 创造 / 毁灭。

5. 贪婪 / 欲望 / 自大的危险。

6. 救赎。

7. 英雄的征途 / 追求。

8. 超能力。

9. 获得力量 / 智慧 / 生命的经验。

10. 对自我 / 他人 / 自然界的控制。

11. 年轻人与年长者。

12. 追寻神 / 寻找迷失的神。

历史流传下来的神话和宗教故事多种多样，上述这些仅仅是其中的一部分。它们反映了人类共同的经历和挑战，以及对自己所扮演的个人以及个体和集体角色的理解。神话的出处无关紧要，因为这些主题具有普遍性。虽然神的名字和其他特征会改变，但是最终我们听到的是类似的故事，这些故事被反复传颂。相比传统神话，宗教神话中更多是关于觉醒的主题，而传统神话则多以英雄的征途、诸神之间的冲突以及爱情等为主题。

大洪水神话

神话中最常见的主题之一是大洪水。神或诸神将洪水降至人间，惩罚和摧毁罪孽深重的人类。大洪水的神话也和许多地球创世的神话类似，讲述了生命诞生于原生汤或原始海洋的故事。一些最伟大的史诗都曾叙述过洪灾，比如大约公元前650年，刻于12块泥板上的美索不达米亚《吉尔伽美什史诗》(Epic of Gilgamesh)，它讲述了可能发生在公元前2000年以前的故事。在洪水来临之前，神恩基告诉一个叫乌塔那匹兹姆的人，去建造一艘巨大的船来保护他的家人、朋友，甚至家禽，这类似于犹太基督教《圣经》中诺亚方舟的故事。印度教有《百道梵书》(Satapatha Brahmana)，故事中人类的祖先摩奴，收到警告有洪水逼近，并被告知要建造船只。苏美尔文明中有关洪水的神话是《朱苏德拉史诗》(Ziusudra Epic)。中国则有舜禹父子治水的神话故事。在口口相传的黑苗族神话中，雷神发怒并决定水淹大地，只留下两个幸存者繁衍人类。有趣的是，中国的洪水神话偏离了神或众神惩罚的常规主题。在中国的神话中，洪灾常常是由自然灾害或一些神秘因素引起的。

在希腊神话中，当天神发动洪水时，平时谨慎而虔诚的丢卡利翁（Deucalion）被允许带上妻儿及家畜，坐上方舟逃离。在罗马的洪水神话中，朱庇特原本想放火毁灭人类，但却不想烧到自己，于是最终决定引发洪水。在威尔士神话里，洪水肆虐，淹没了大地，德阳（Dwyan）和德法奇（Dwyfach）以及成群结队的动物搭上大船一同逃离。坦桑尼亚西南部的神话也讲述了两个人遵从上帝的旨意在洪水来临之际带上种子和动物坐船离开。神话中，他们甚至放出了鸽子，去看看船是否已停靠在陆地上。听起来似曾相识？

诺亚的洪水和吉尔伽美什的洪水有着许多共同点：

都是神或众神用毁灭世界的洪水去惩罚人类的邪恶和罪行。
都有正义的英雄被告知要建造方舟。
都被告知要带上家人和所有物种的动物。
都放出鸟儿去寻找陆地。
船都在山边靠岸。
人类都在洪水之后得到了祝福。

关于哪个神话先出现,还有许多争论——到底是《吉尔伽美什史诗》还是《圣经》先有了大洪水的记载——但不管怎么样,这类神话具有共通性,它们都有着许多关于洪水的传说。此外,它们都包含了相同的元素,其中,最常见的就是船或者方舟,船上成群的动物和一个正直的人或者英雄幸存下来,重新开始繁衍后代。虽然科学家对这些洪水实际发生的时间争论不休,但毫无疑问的是每个地区都可能有自己关于洪水神话的起因(包括泛滥的河流、全球性或者地域性的气候变化、暴雨、海啸等),也有一些人认为,或许根本没有发生过真正的洪水,而这个主题只是其他某些事情的原型或象征。比如,它可能代表了有缺陷的种族向更高等级进化的过程,也可能代表了借上帝愤怒之手去惩罚或救赎罪人,给他们改过自新的机会。

也许我们都有属于自己的洪水神话。

规范与道德

希腊人和罗马人擅长将他们的伦理规范和道德准则融入神

话中，经常描述那些社会提倡和表彰的行为，以及受罚的行为。大多数宗教文献都包含了寓言、谚语，以及罪恶与宽恕的道德故事。它们起到了相同的作用，意在树立某一特定时期文明的道德指南。神话和宗教之间存在着一个区别，即如何看待"神"这个角色。以犹太基督教《圣经》为例，在《圣经》中上帝是完美无缺的，永远不会犯错，并且可以作为基本道德的典范。但在神话里，神和女神们也会撒谎，也可以是骗子、傻瓜或者笨蛋，即使在向人类行使权威时，也会显得笨手笨脚。神话里的神往往傲慢无理、狂妄自大、暴躁易怒、有暴力和杀戮的倾向；他们会偷走不属于他们的女人和动物。而宗教里的上帝往往代表了一个凡人甚至英雄人物不可能达到的完美形象。

尽管如此，神话和宗教之间，以及之后出现的异教徒传统和正统宗教传统之间均存在着惊人的相似点，我们不得不问一问，是否这些共同的主题、母题和象征符号，是同一时间从同一地区借鉴而来，还是每种文化在发展的过程中，同时或逐步经历的事件？可能二者都有一些。我们在第一章里看到了信息如何传播，而且信息传播的动机经常改变。传播扩散神话和宗教故事的动机多种多样，可能包括信仰的演变、仪式和智慧的传播、同一时间产生的意识和理解，或者仅仅是一群人剽窃了另一群人的观点、仪式和信仰，并且在这种情况下，将那些篡夺来的信仰融入宗教的教义和教条中去。

虽然我们不是要挑起或制造愤怒和争议，我们还是要将事实摆在桌面上，让读者能够清楚地了解。在整个历史中，观点或概念演变过程最惊人的例子之一就是基督教救世主耶稣基督的故事，这个故事既是神话，也是宗教故事。虽然没人知道真相，但大量有趣的旁证表明了基督神话在耶稣出现之前就已经存在了——而且可能继续存在下去，直到我们不再需要更多的神话或宗教故事来承载事实真相。在我们的时代，信息能够直接传达给彼此，或者这正是我们愿意相信的。

耶稣的模式

无论耶稣是真实的人，还是虚构的人，或者是二者的结合，还有待历史学家、学者和宗教人士去探讨。不管怎样，我们想看的是耶稣基督和许多过往其他角色之间生平的共同性，它表明了神话随着人们的需求而演化、发展和改变，但是不管故事传播到哪里，被谁讲述，其核心真理和基本元素均保持不变。总有些观点不会随着文化的变迁而改变，因为无论我们来自何方，这些观点都包含着强大的主题和人人都能理解的原型符号。耶稣是一种原型吗？

释迦牟尼是拥有处子之身的极乐女皇摩耶所生。他也创造了神迹，并且教人节欲、宽容和怜悯。他在深山之中修行，并最终进入了极乐世界。他被称为救世主和世界之光，他用一篮子饼养活了 500 人，还能在水上行走。

荷鲁斯（Horius）是埃及神话中奥西里斯（Osiris）和伊西斯（Isis）的儿子，为伊西斯于 12 月 25 日在一个山洞中所生。

东方一颗明亮的星星昭示了他的出生，之后他受到了三位国王的照料。他接受了洗礼，并于30岁开始传教。他有12位门徒，能让人起死回生，而且还能在水上行走。他在深山中修行，遭出卖后被钉在十字架上，葬于坟墓中之后又复活。在罗马的地下陵墓中，他常常被雕刻成婴儿的形态，被他的母亲伊西斯抱在怀中。

古波斯的太阳神密特拉神的故事比基督故事还要早600多年，是基督教时期最流行的异教徒传说。密特拉神的母亲是一位处女，在12月25日生下了他。他有12位随从，能施展法术。他被视为狮子和羊的化身。在葬于坟墓中的第三天复活。他的圣日就是太阳之日。他的复活就发生在我们现在称为复活节的日子，每年都会在那天举行庆典。密特拉神和基督神话联系最为密切，因为密特拉教传说盛行于基督教成立之初，而且两个神话中包含了共同的主题：太阳神和上帝之子。

克利须那（Krishna）神，又被许多人称为印度教的弥赛亚。他的母亲也是一个处女，名叫戴瓦克伊（Devaki），又称非凡之人。他是太阳神毗湿奴的化身，出现在12月21日左右的冬至。他的父亲是一个木匠，智者和天使见证了他的出生，并给他带来了黄金、乳香和没药。他拯救死者，治愈麻风病人、盲人和聋人，创造了许多奇迹。他用寓言去教化人，谦恭地清洗别人的双脚，关心穷人和被压迫的人们，帮助死者升入天堂。据说有一天，他会重返人间，并在第二天和邪恶的王子战斗。

希腊酿酒和葡萄种植业的保护神狄俄尼索斯代表着富饶多

第三章 关于众神和女神：文字世界的崛起

产，常出现在狂欢的仪式中，能够将水变成酒。他出生于12月25日，母亲也是一个处女，无独有偶，他也在死后复活。

在基督的故事中能看到许多其他的神话中出现的象征符号和主题，比如，阿富汗（巴利）、斯堪的纳维亚半岛（奥丁／托尔）、百慕大群岛（萨里瓦堪那）、希腊（卡德摩斯）、阿芝特克（魁札尔科亚特尔）、德鲁伊的埃苏斯，这些往往基于更早的异教徒传统和其他信仰体系。一些人认为，基督和密特拉神的12个门徒是12星座的人形。这些神话可能来源于更为古老的异教徒文化中的"死而复生之神"。这个观点认为，许多古老的近东地区的神都已经死过一次了，但均遵从同一套模式复活了。这些死而复生之神几乎是同一个模子刻出来的，可追溯到公元前3000年，他们常与植物和自然之神联系在一起，代表收获和生长的周期。

阿多尼斯、坦木兹和奥西里斯、狄俄尼索斯、拉／奥西里斯／俄里翁、巴尔、埃舒门甚至有可能耶稣，都属于这种"死而复生之神"。不过，耶稣出现的时间更晚，而且，相比于文学创作，他更接近神话。女性中的"死而复生之神"包括伊什塔／伊南娜、巴拉和珀尔塞福涅。因此，这不仅仅是男性主题，并不局限在古老的东方，因为日本有伊奘冉尊，挪威有巴尔德，阿芝特克有魁札尔科亚特尔。在比较神话学领域，此类主题十分普遍。这个领域旨在寻找不同文化的神话和宗教信仰的共性，既意味着神脱离肉身而再轮回，或者说他确实死去了，但以某种方式重生了，就好像花朵、树木和农作物在每个冬季"死亡",然后在春季"重生"。伊什塔和珀尔塞福涅每年都经历死亡与复活,和植物的生命轨迹十分类似。他们不在的时候,就停止了生长,一旦他们复活,生长的周期便重新开始,因此,这些"死而复生之神"和许多丰收的仪式息息相关。

神话和宗教的神明应该可以互换,彼此之间不存在冲突。建立在事实之上的信仰,即使在一段时间内经过不同文化的传播,还是毫无疑问存在着共同点。在信仰的发展演化过程中,基本而常见的事实会被编入故事、仪式和习俗,从而得以留存下来。

一神多名

希腊和罗马神话有着许多相似之处,最明显的共同点是它们主要的神。许多神都是一样的,只是名字不同。这说明不同的地区都受到了一个共同因素的影响。

这里列举的只是拥有共同特征和统治领域的诸神中的一部分。地域上的相近让这些故事能够在不同文化之间传播,并能够被其他特定的文化接受和改编。全球性的神话中还包含了其他具有相似特征的神,比如挪威神话中的奥丁和托尔,与之相对应的是宙斯和朱庇特——众神的最高统治者和闪电/风暴之神。这表明人们作为一个整体对自然及其循环周期具有一种理解,并选择象征性的故事去形容它。

第三章 关于众神和女神：文字世界的崛起

目的	希腊神话	罗马神话
众神的最高统治者，负责释放闪电	宙斯	朱庇特
手持三叉戟的海神	波塞冬	尼普顿
地狱和死亡之神	哈得斯	普路托
战神	阿瑞斯	马尔斯
农耕女神	雅典娜	密涅瓦
爱与美之女神	阿佛洛狄忒	维纳斯
狩猎女神	阿尔忒弥斯	狄安娜
火神	赫菲斯托斯	伏尔甘
睡神	修普诺斯	索莫纳斯
胜利女神	尼姬	维多利亚
丰饶女神	得墨忒耳	色列斯
酒神	狄俄尼索斯	巴克科斯
天空之神	乌拉诺斯	乌拉诺斯

雷神托尔、诞生于大海而让无数男人为之倾倒的热辣女神维纳斯、头发中长满蛇的少妇、烧死将自由的智慧传递给少数天选之人的灌木丛，以及驮着神明在山巅翱翔的天马，除了这些情节外，这些故事究竟想要讲述什么？它们是否只是娱乐或消磨时间的有趣故事——还是说，它们想表达的不只是围炉夜话？那些通过口头传播的故事很快变成了文字，进入我们日常阅读的书中。

E. O. 詹姆斯（1888—1972年）是一位比较宗教领域的人类学家，也是伦敦大学历史和宗教哲学前名誉教授。在《创世记和宇宙学：历史与比较的研究》(*Creation and Cosmology: A Historical and Comparative Inquiry*) 一书中，他写道："神话存在于未开化群体中,换言之,处于生活的原始形态。它不仅仅在讲述一个故事,更是在讲述人类经历过的现实。它不像我们今天读到的小说,具有虚构的性质,它是活生生的现实。人们相信这些神话曾经在原始社会发生过,并且从那时起一直影响着世界和人类的命运。"其他比较宗教学和神话学专家也对这种观点表示赞同,例如,《千面英雄》(The Hero With a Thousand Faces)和《神话的力量》(The Power of Myth)的作者乔瑟夫·坎贝尔(Joseph Campbell),以及《意象象征和宇宙历史:永恒轮回的神话》(Images and Symbols and Cosmos and History: The Myth of the Eternal Return)一书的作者米尔恰·伊利亚德认为,神话的作用完全超越了故事,不只作为娱乐,神话有着更深层次的目的。

比较神话学

比较神话学专注于研究来自世界各地文化和传统的神话,找出差异和共性,识别共同的主题、特性、手法,甚至原型。时常着眼于神话如何发展,这可以引导我们更好地理解一种独特文化中宗教信仰的崛起,还可以看到政治制度的演变。人们所相信、所讲述,以及流传后世的故事,往往会比我们对他们生活的认识更详细,即使这些故事也包含了一些奇幻元素,比如想象中的神和生物。

比较神话学的目标是发现"原始神话学",它可能是所有

第三章 关于众神和女神：文字世界的崛起

全球性神话的基础。比较宗教学和比较宇宙学也是如此——尝试去找出"壁毯"上的"主线"，或者一面墙砌成之前的水泥框架。神话、宗教和宇宙学都试图去描述一种文化的历史、信仰、特性及在世界格局中的位置。当学者们发现了相同的主题，会先假定，那些观念既有可能通过文化传播开来，也有可能是同时形成的。人们就会提出疑问，这到底是如何发生的。

人们也在回避这个问题：什么是科学的声音，以及什么是纯粹的虚构？这些神话、故事和宗教信仰有多少是基于自然法则下的事实，又有多少仅仅是对万物如何运作异想天开的解读？目前在比较神话学领域，流行着两种不同的思想流派：比较主义学者认为，某一神话是所有其他神话的起源，所有的神话都围绕着这个源头来发展；而特殊主义者认为，神话中不同的主题和元素说明了不只存在一个共同的神话原型，比如乔瑟夫·坎贝尔口中的"单一神话"。

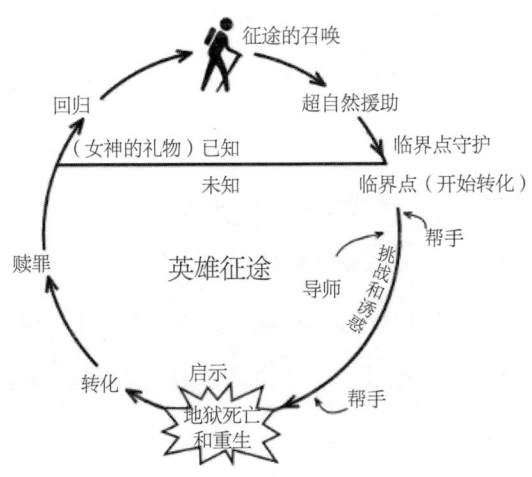

图 3-1 单一神话中英雄征途的路径图解

坎贝尔所说的单一神话指的是英雄的征途。在他那本影响深远的《千面英雄》一书中，他对这个观点进行了详细的阐述。他认为，这个主题如果没有出现在全部的叙事故事和神话中，那么也至少出现在其中的绝大部分。他描述道："英雄从平凡的世界勇敢地出发，投身超自然的奇观。"在那儿，他随后遇到各种奇怪的势力和群体，克服艰难险阻，获得胜利，拥有了新的力量和能力，最终成为一个英雄。典型的单一神话可分成具有三个主题的17个阶段：征途启程 / 召唤；萌生 / 考验和诱惑；回归 / 掌控。如果仔细回想一下那些关于英雄征途影响最广的宗教"故事"，比如，耶稣基督、佛陀、摩西、奥西里斯的故事，我们都能发现这种模式。一些我们熟悉和喜爱的更现代的故事，也依照着这个套路，包括《星球大战》中的卢克·天行者以及《指环王》中费罗多的征程。也许在所有单一神话的例子中，最著名的要属亚瑟王的征途、浪漫骑士和冒险精神的探索、骑士们的征程以及寻找圣杯之旅。一些人认为，如今的《夺宝奇兵》系列电影也遵循了单一神话的模式。事实上，伴随着三幕剧结构，单一神话 / 英雄征途已经成为大多我们喜爱的电影和电视剧一个特有的喜好与评判基准，无论它们是西部片、神话剧还是科幻片，主角总是被要求去效仿这种神话结构，从而满足观众外在和潜意识中的需求。

许多神话包括原型、通用母题、象征、象征模式、观点、思维模式和影像，这些能引起全世界人们的共鸣。一些最广泛使用的原型包括垂死的神，以及之前所提及的魔术师、替罪羊、

第三章 关于众神和女神：文字世界的崛起

失去的爱人、野性的女人、遇险的少女、流氓、导师/圣人、勇士、伟大的母亲、强大的父亲/君主，甚至还包括故事里的元素，比如，大洪水、世界末日、童女生子、复活，甚至性交。相较于清晰的意识和头脑，运用这些原型能够更多和人们的潜意识或者灵魂进行交流。

三种普遍的母题

在来自世界各地的神话中，我们常常会发现这三种普遍的母题，它们以这样或者那样的形式出现在我们面前。每一种都有各自原型的象征意义，都代表了力量，认为自然界掌控了我们的祖先。我们的祖先尚未真切地了解自然界的运作方式。

绿色人像

绿色人像母题是一个经常能在教堂、建筑物和房屋的雕刻品中发现的象征，特征是环绕着树叶或草木的人脸。虽然这个词实际上是 1939 年《民俗日报》（*The Folklore Journal*）的一篇文章中杜撰出来的，但是绿色人像或绿色的杰克在此之前已经是一个广泛运用的母题、异教徒代表富饶的形象，或者代表了大自然每个春天循环复苏的自然之魂。早在 400 年，绿色人像母题便已出现。

图 3-2 多尔修道院西多会的绿色人像雕塑

世界之树/宇宙轴

从美洲原住民到中美洲人到北欧人和西伯利亚人,许多宗教传统和神话中都曾有过一棵位于世界中心的"世界之树",支撑着天堂,并连接着天堂、人间和地狱三界。在挪威神话中,这棵树被称作"伊格德拉西尔"(Yggdrasil)。在印度神话里,这棵树叫"阿什瓦塔"(Ashvattha)。拉脱维亚人称它为宇宙之树。玛雅人称为"yax imix che"。和"生命之树"的概念相关,世界之树常常被认为连接着不同的维度或现实,在今天可能会被认为是虫洞!世界之树是众多宇宙轴的象征之一,代表了天堂和人间相通的世界中心。藤蔓或山脉等自然物体,或者高塔、楼梯、旗杆、柱子等人造物体,也可以象征这种宇宙轴。

蛇

蛇诱惑了伊甸园里的亚当和夏娃。在佛陀立地成佛后,一种被称作目邻陀的赤裸生物保护着佛祖。一条名叫乌洛波洛斯的神龙/巨蛇吞下了自己的尾巴,幻化成一个代表无穷无尽、周

第三章 关于众神和女神：文字世界的崛起

而复始和永恒的象征。纳加尔龙从根部开始，吃掉了挪威神话中的世界之树伊格德拉西尔。巨蛇的幻象意味着玛雅文明的复兴。埃及神话里的双头巨蛇涅赫勃考守卫着地狱之门。埃及眼镜蛇——蛇形女神瓦吉特甚至成了第一个知名的圣人，她被描绘成埃及王权的象征。阿波罗杀死了美女巨蛇皮东，保卫了特尔斐的盖亚女神圣座。

巨蛇是神话中最古老、最广泛运用的象征之一。史上有记载的最古老自然仪式和典礼都与蛇息息相关。蛇表现了某些文化的双重性和多产性，经常作为寺庙和圣所的守护者。由于蛇会蜕皮，于是它们就与出生、生命、死亡、重生、治愈、不朽和蜕变产生了密切的关联。海里的宇宙间的巨蛇及各类的龙也是普遍的母题，它们有时会被赋予神圣的地位，比如中美洲的羽蛇神（带羽毛的巨蛇）以及海地的洛阿神，她是多产之神，也是神灵之父——丹的妻子。圣蛇经常被描绘在世界之树上或者世界之树周围，盘绕在树干上或盘于树下。另一个与生命之树和巨蛇相匹配的是赫耳墨斯的手杖以及摩西的仆人，两者都有巨蛇缠绕在上面。

神话和精神

除了寻找"单一神话"，还有一种对常见心理学主题、元素（包括荣格的原型）和历史科学精确性的探求，表明平行发展的文化间可能并没有机会进行实际交流。宗教史教授伊利亚德甚至认为，神话是宗教的必要基础，也是人类心理的一部分。这与乔瑟夫·坎贝尔的学说不谋而合。坎贝尔认为，神话为人们开辟了道路，去理解他们自己个人的生活，而不是仅仅依靠一些古老的叙事方式。

神话曾被古典主义学者罗伯特·格雷夫斯（Robert Graves）描述成"英雄传奇"，这一点毫无争议。格雷夫斯著有许多关于神话和宗教的书籍。毋庸置疑，神话、寓言、传奇和故事都在讲述神与英雄的经历和征途，但在那些赢得挑战、克服困难的浮华故事之下，是他们所知的有关生活的真实细节。传奇和神话包含了真理的种子，只能通过精神，而非头脑和理智去理解。神话和传奇也记载了亲历者能够领会的真实体验，即使对我们而言那种语言非常原始。神话和传奇也用来表达我们曾经和自然环境间存在的一种更深层的精神连接，因此，那些我们无法理解的自然现象被赋予了神的力量（如火山爆发、闪电和地震）。神话和传奇也帮助我们的祖先去表达自己的想法：他们在宇宙中处于什么样的位置。这种想法来自他们自己的知识和认知层面，而非我们的角度。

当描述神话的目的时，乔瑟夫·坎贝尔使用了"隐喻"这个术语。如果神话主要是用于比喻，那么就不必非要鉴别它是真或假，是事实还是虚构的。它们只需发挥故事的作用，去代表或象征其他事物，那就是隐喻的目的所在。因此，神话、宗教故事或传奇中的角色和事件，可能比起现实生活中它们的形象具有更多象征意义。因此，神与拥有三个头的怪物打斗，可

第三章 关于众神和女神:文字世界的崛起

能重点并不是神或三头蛇,而是意在表达克服巨大困难,或勇于面对阻碍,成功赢得挑战。盛怒之下的海神对卑贱而罪恶的人类发动了一场洪水,可能并非意在描述神、洪水和溺水的人们,而是更多地关注因果报应最终如何在我们身上体现,以及我们的行为会给自己带来怎样的反作用。

像《圣经》中的故事一样,神话也具有教育意义、道德指引和感召力,甚至是激励的作用。神话能够带来消遣娱乐,也能指导和引领我们,甚至告诉我们,究竟该做些什么才能获得成功。故事中的神奇和超自然元素代表了我们内心和外部的未知世界。一切都具有象征意义,一切都是重要的。

换言之,某个神话或传奇的故事是在同时讲述两个故事。在《神话中真实的角色——神话即比喻》(*The Role of Truth in Myth—Myth As Metaphor*)一文中,探索艺术基金会曾将神话描述得如此简洁。用这种方式来描述神话或传奇,真是太妙了。这是同时讲述的两个故事、两种目的、存在于两个不同维度的两种真实。因为,虽然比喻、象征和母题曾出现在所有的神话中,但我们仍可以看到一些不可动摇的事实、认知和自然科学——虽然对于我们而言,这看上去有些奇怪。

众神的时代

拿我们最喜欢的两个罗马之神朱庇特和伏尔甘举例。朱庇特(Jupiter)是罗马万神殿里代表光明和天空的至高之神,等同于希腊神话中的宙斯，又名Jove（英文发音类似耶和华Jehovah）。伏尔甘是罗马的火神，是金属冶炼工艺的守护神。他在希腊神话里对应的神是赫菲斯托斯。朱庇特在天空中投掷闪电，也被称为雷神托坦斯；光明之神鲁西提斯（类似于路西法）；闪电之神富尔加瑞特。而伏尔甘则在西西里岛埃特纳火山下拥有自己的作坊，他在那里锻造金属、铁器和盔甲，震动了大地，向天上喷出火山灰、火花和火焰。天啊，他的名字伏尔甘（Vulcan）听起来就像英文中的火山（volcano）。

因此数千年前，当雷暴肆虐和火山爆发时，人们还没有掌握天气、气候、暴风雨、火山活动、板块构造以及地震相关的科学知识，只能以他们能理解的方式去认识大自然。于是，狂风暴雨和闪过黑暗夜幕的猛烈闪电，就被认为是神对人类所作所为失望的一种愤怒表达。大地的晃动、火山灰的喷发和碎石从山顶滑落可能是神在地下锻造器物，也可能是他在对自己的妻子维纳斯发火，因为她是一位倾国倾城的美女，所有人都想得到她。

自然现象，就这样变成了神话和宗教故事里的人物行为举止。

事实上，天上发生的事情和地上有着很大的关联。宇宙的影响乃至单纯的天文知识，在许多神话和创世记故事中可见一斑。我们的祖先是观测者，并且对星星、行星和月亮有着敏锐的感官意识，即使他们不能明白其背后所有的自然科学。众神代表了各种各样的行星、太阳和月亮。太阳神和一些极为重要的神明与宗教人物（密特拉神、耶稣）建立起了联系，就连星座也被指派给了不同的神。

早期的科学可能只有天文学和数学，随后出现了医学。对物质世界的描述以及如何"去测定"它，贯穿于神话和宗教的文献中，经常会伴随着传奇色彩的故事。我们不得不问一个问题：远古祖先是否拥有我们今天这样生动的想象力，或者他们是否能通过某种方式看到超自然的世界，而今天的我们却看不到？看一看现代社会那些不寻常事件的普及。我们真的能忽略祖先们所写、所传唱和口述的那些无名或无法解释的奇闻异事吗？

我们不太确定。

磨盘和转轮

因为天文学是一门依赖于观察的科学，所以我们今天拥有了丰富的古代象形文字、岩画、对日月星辰活动轨迹的描绘，乃至针对自然生长和狩猎周期所做的记录。我们的日历反映了古代天文知识。这些原始的知识包含了宇宙的运转和活动的规律。事实上，假如人们拥有足够敏锐的观察力，那么他们就可以很轻易地记录下不同时间段的月相、日食和月食。这些记录有助于希腊天文学家和数学家希帕克斯从事和完善科学研究，他在公元前2世纪就计算出了地球自转轴运动产生的岁差周期大约为26 000年，他的发现让人们得以了解这种被称为"地球自转轴岁差"的自然现象,这远远早于现代社会。在现代社会,我们要使用望远镜和计算机,才能将其计算出来。

研究神话和知识传播最有价值的作品之一是《哈姆雷特的磨盘:一篇研究人类知识起源和以神话为传播方式的随笔》(Hamlet's Mill: An Essay Investigating the Origins of Human Knowledge and its Transmission Through Myth,以下简称为《哈姆雷特的磨盘》),发表于1969年,由两位学者所著,一位是麻省理工学院的历史和科学哲学教授希奥尔希奥·德·森蒂拉南(Giorgio de Santillana);另一位是法兰克福大学科学史教授赫莎·冯·德兴德(Hertha von Dechend)。《哈姆雷特的磨盘》主要针对天体活动作用,是一项令人惊叹的综合性研究方面的书。书中还探讨了天体活动和各种神话传奇之间的联系。其他的学者还在从理论上解释神话是英雄之旅和原型人物冒险故事的一种表现方式,这本书的作者就已经提出了"如其在上,如其在下"的主张,并研究了宇宙活动和地球运动之间的联系。

标题源自一个名叫哈姆雷特传奇神话人物的故事,他拥有一个围绕北极星转动的强大磨盘。这个神圣的磨盘轮子,如神话里所述,象征着星星在天空中的运转,而轮轴的轴心沿北极运转。在莎士比亚的《哈姆雷特》故事中,并没有出现哈姆雷特神话的元素,但我们这里关心的是,这个磨盘会变成天体运动时天空中巨大无比的轮子。旋转的磨盘代表了行星轨迹的循环转动及地球的自转,让我们得以用独特的视角来观测天空。

书中描述的主要天文观测内容集中于二分点的岁差和太阳

第三章 关于众神和女神：文字世界的崛起

通过黄道十二宫图的运行轨迹。由于所有文化和文明都可以观察到这些现象，所以全世界的神话中的相同主题可能均来自观察，这其中包括对太阳轨迹和新的极星出现的象征性复述，同时伴随发生的还有重大地球灾难。传说中，磨盘会从框格里掉落，这预示着一个黄道段消逝，另一个黄道段将取而代之，这些之后被视为王朝更迭和为"新纪元"而建立新秩序的故事的象征。把众神的故事与太阳、天空、大海和大地联系起来，被认为是使用了丰富的想象力来描述天文现象。这些天文现象包括彗星、流星、陨落的恒星和太阳活动，但所有这些现象的核心是岁差。

奇怪的是，从地球自转的角度而言，岁差一共需要 26 000 年才能使太阳围绕着宇宙做一次完整的旅行，那就意味着需要数千年时间的观察才能发现这个现象。不知道通过什么方式，古人清楚地知道一个星座到另一个星座的变化，并常常在他们的故事模式中使用与星相相关的象征。古人对天空的细节进行了不可思议的细致观察，这显然对他们世界观的形成起到了巨大的作用，并且这种世界观一直延续到现代社会。

磨盘的转轮转动不息，我们从一个时代进入下一个时代，从一个纪元进入另一个纪元，从一个天体循环进入另一个天体循环。一些书籍将岁差视为许多传奇和神话的模型，这表明在某种程度上科学和数学缓慢渗透到了那些曾经被我们视为纯粹娱乐的神的故事中。

虽然经过仔细剖析，《哈姆雷特的磨盘》并不总是被评论家和学者所认可。这些人认为,复杂而容易混淆的文字和大量的设想都建立在一个不稳固、未经证实的理论上。岁差的发现远远早于希腊存在的时间,可能最早可追溯到公元前4000年。尽管多数人认为,两位学者的研究具有局限性,资金匮乏,信息源过时,但是文艺复兴时期,出现了一种更科学的方式研究神话,即使这种方式与绝大多数学者的想法背道而驰。一个全新的研究领域从《哈姆雷特的磨盘》中发展而来,它被称作"古代天文学"(我们将在第七章探讨)。随后出现了大量的书籍,这其中包括乔瑟夫·坎贝尔所著的奠基之作《神话的意象》(The Mythic Image)、格雷汉姆·汉考克(Graham Hancock)的《诸神的指纹》(Fingerprints of the Gods),以及其他几十位作者的论著,它们对这本著作的内容或质疑,或补充,或证实,或否定。

有趣的是,天文学的兴起往往是宗教理念不可或缺的一部分。举个例子,我们发现,印度的《吠陀经》提到一年分成360天和12个月;提到宇宙真正的起源是空洞或虚无(在宇宙大爆炸之前);甚至提到了为他们的占星术奠定基础的月计算,这与我们文化中的一个月代表一个星座有所不同。古代吠陀梵语文提到,地球是一个球状的行星(我们一度以为地球是平的,原来印度人很久以前就知道了),这些计算方式并没有否认或挑衅宗教信仰,它们增加了宗教的可信度。

《旧约全书》暗示了地球在宇宙中所处方位及固定位置的科学知识。在(《传道书》1:5)中甚至提到,每一个白昼和夜晚,

第三章 关于众神和女神:文字世界的崛起

太阳在同一个地方升起和落下,同时提到声音、震动和阳光是重要的基本创造力(《创世记》)。就连约伯都知道,地球悬于"虚无"的天际中(《约伯记》26:7)!这就是关于我们在太阳系引力下所处位置的一个粗略描述。他在那个时候已经明白了这件事。而我们今天仍然对此争论不休:地球的年龄是多少,人类是如何进化的,哪一种性别先于另一种性别产生——一切都是因为科学和宗教的发展轨迹经历了上千年的历程。

尽管如此,每一种联系之间,都有可能存在极大的错误。就像《旧约》里认为,地球是平的,天空中太阳的运动可以被中断,以及女人究竟是从哪里来的,当然肯定不是一根肋骨变的。因此,我们如何从虚构之中发现真实?尤其当我们面对半真半假的例子时?也许正如乔瑟夫·坎贝尔所言,神话和《圣经》故事的实际意义在于隐喻。最早的两位教堂天父奥利金(185—254年)和奥古斯汀(354—430年)反对从字面理解神话,崇尚从隐喻甚至神话的角度去诠释。但即使作为神话和隐喻,我们仍想知道这道裂痕是如何产生的。如果你继续观察周围环境,留意那些风俗,会发现无论科学技术支持还是驳斥它们,知识原本应该是一个统一的整体。然而,随着时间的推移,知识分裂成了两类,一类是可通过实际感受来证实的,另一类属于所谓的信仰和借助神力的范畴。这种裂痕存在至今,因此将重心放在共同主题和母题上,是一件非常困难的事情,虽然也许并非不可能。这些共同的主题和母题说明了,在历史上的某一时刻,我们曾经达成共识。

拿非利人的故事

"病毒式传播"无疑是现代人表达"信息迅速传播"的一种方式,无论这些信息是重要的信息,还是和人类进步关系不大的无聊八卦。至于拿非利人的故事,根据古代希伯来人/以色列神话,当我们在他们的宗教文献中发现关于这个故事的记载时,它已经十分流行了。依照记载,地球上到处都是神与人交合产生的后代,纯种的人类因此遭到非人类血统的"污染"。

这个故事可以在古代各种故事中找到影子,从蔓延发展的人文神话到部落传说。目前存在着将近600个不同种类的神话古物,从希伯来《圣经》到凯尔特人的达那神族;从中国龙到克利须那神和玛雅的羽蛇神,这些例子不胜枚举。但这些故事是如何精准地在古文明之间传播的,这仍是一个未解之谜。然而有一件事可以肯定:无论人文故事是怎样的,当你烧掉所有的残渣,总会留下一个看起来无可争议的共同主线——人类血统的中断。

随着文明的进步和小规模原居地文明的扩散,人文主义开始伴随着古老的故事一同扩散开来,这些故事被一次次反复传诵。为了满足正在崛起的新兴宗教的需求,人们在情节中加入了新的曲折和变化,形成新版本的神话。但是看待事物的视角改变了人们对事物如何传播的认识:考古学家和人类学家称为开化文明的平和演化,而其他一些理论家也许仅仅将人文神话中的共同之处解读为人类受到外部因素的影响而发生改变。

第三章 关于众神和女神：文字世界的崛起

然而，有一种远古象征似乎是"血统中断"故事的罪魁祸首，那便是巨蛇的意象。几乎在每一种古代文明中都能发现它。从希伯来教《创世记》书里的人类起源故事中，我们发现"巨蛇角色"引诱着人类之母。对这种语言进行更透彻的研究后，我们认识到，偷食"禁果"只不过是一个文化层面上的内涵故事，在这个故事之内隐藏着更重要的诱惑和繁衍之事，行事者正是等同于巨蛇角色的神。当你研究古代故事的语言学和词源时，会发现苏美尔文明的万神殿安努纳奇故事也是基于它。安努纳奇的主神恩利尔指控他的兄弟恩奇/恩基创造了"原始人类"，作为奴隶去参与神的工作。后来，人类寻求自由，在他们的创造者恩奇/恩基的帮助下反抗恩利尔。恩奇/恩基被联想成"巨蛇的沼泽"，即人们熟知的"恩基的巢穴"（Ea's Den）或"伊甸园"（Ea-den/Eden），人们在改编的希伯来文献中发现了类似的创造/反抗事件。

《创世记》里伊甸园中蛇的故事，是从更古老的苏美尔传说改编而来。就伊甸园的蛇而言，宗教神话被犹太教创始人摩西从一个古代地点转移到另一个。当他写下《创世记》之书时，他在埃及第十八王朝的王宫中长大，并且完全沉浸在古埃及的神秘主义和神奇的宗教事务里，他一生中的头40年是伴随这些事务度过的。40岁后，他娶了异教徒大祭司米甸的女儿，并且开始研究西乃教，以及古迦南、叙利亚和苏美尔的宗教神话学。毫无疑问，古文化的传播和以希伯来宗教为基石的宗教神话学，说明了迅速传播的神话学是一种不朽的文化。拿非利人的希伯来故事是建立在更古老的恩奇/恩基的故事上，恩奇/恩基来自巨蛇的沼泽（恩基的巢穴）。创造人类、繁衍后代、中断人类血统等神的干预，以及传达众神反抗主神的违禁行为，是这些古代故事的共性。

更进一步来看这项特别的分析：苏美尔的恩利尔成为希伯来的埃尔，被称为埃尔、埃洛希姆、伊勒沙代和伊利昂，而恩奇/恩基则成了耶和华，也就是希伯来语的耶和华。

最基础的一点是，这些古代神话观念和解读是搞清楚它们如何在文化之间传播的关键。我和约翰·沃德博士在埃及旅行时，看到古代象征主义在艺术、肖像和语言中得到了普遍的传承，这些事物在拿非利人故事传播和传承过程中携带了大量的秘密。从奥格登的后裔，到 Menindat Habu 造山，再到古苏美尔人安努纳奇创造原始人类的埃及神话故事，就是信息的源头。

巨蛇这个象征贯穿了人类历史，它承载着人类被创造、被奴役以及血统被中断的信息。如果你注意挖掘其中隐藏的信息，会发现神话学揭示了一个在所有人类古文化神话和传奇间流传的故事。

斯科特·罗伯茨

斯科特·罗伯茨（Scott Roberts）是《无畏》杂志的创始人，也是模范研讨会的创始人。他为新页出版社撰写了三本书，分别是《拿非利人的兴衰史》（The Rise and Fall of the Nephilim）《爬行动物秘史》（The Secret History of the Reptilians）和《还原

第三章　关于众神和女神：文字世界的崛起

出埃及记》(*The Exodus Reality*)(与约翰·沃德博士合著)。他也是《泰姆·奥黑尔的快乐历险记》(*The Rollicking Adventures of Tam O'Hare*)的作者和插画师。斯科特和他的妻儿现居威斯康星州的乡村。

书面事实？

可能《圣经》文学使我们受挫，也可能是我们开始远离空想，更加关注现实。我们开始明白了，没有人在云端四下投掷闪电，雷电和暴雨属于自然现象，它们只是一些气象产生的结果，形成这些气象的因素我们才刚刚开始了解。随着我们更加信奉深层次的反思和个人主观性，而非观察和经验主义，我们或许在掌握的事实与信奉的真理之间出现了分歧，这二者拼凑在一起就像巧克力和花生酱，抑或是油与水。它们并不总能混合在一起，或融为一体。

正如考古学试图通过对过去文明遗留物的复原，从而了解我们的历史一样，圣经考古学也同样致力于此，它在找寻着证据，支持或反对旧约和新约故事以及基督教宇宙起源论的演变。它搭建了基本框架，并用"这些人是谁，他们如何生活"的事实依据作为故事的血肉。我们关注过去以及我们如何到这儿的，从而了解现在，并设法从虚构的灵感中辨识出真相。《圣经考古学评论》(*Biblical Archeology Review*)的编辑赫谢尔·杰克斯(Herschel Shanks)在《是什么把你带到这儿》(2013年7月/8

月）一文中写道："许多人对圣经考古学感兴趣，是因为它将他们带入了一个鲜活的圣经世界。它赋予圣经生命力，使之变成一个真实的世界，而不仅仅是建立在信仰之上的文字。"他继续谈道，这个领域涉及了他们居住的房屋、煮饭用的陶罐以及他们如何在黑暗中点亮一盏灯——所有或大或小的因素，让我们透过时间之窗去窥视和"感受人类历史的延伸，我们自己就是其中的一部分"。

莱尔德·斯克兰顿（Laird Scranton）撰写了多部有关象征主义、宇宙学和非洲多贡人的书籍，他有着渊博的科学知识，分享过很多关于古埃及人乃至希伯来人特征和习性的内容。据他所说，对于象征和神话的综合研究，为我们打开了一扇重返过去的窗，虽然这扇窗是支离破碎的。斯克兰顿在《比较宇宙学：多贡、佛教和古埃及》（Comparative Cosmology: The Dogon, Buddhism and Ancient Egypt）一书中写道，通过研究不同的文化中神话和象征的相似特征，我们能够修复过去的碎片和空白，填补证据链条。斯克兰顿认为，这些相似性十分惊人，可能牵涉文化间更多的非常规性传播方式，甚至有可能涉及原型的使用和"内在心理学作为一种可靠方式去诠释他们近乎遍布全球的表现"。在《神话和象征的宇宙起源》（The Cosmological Origins of Myth and Symbol）一书中，斯克兰顿还写道："在研究远古文化传统的真正源头时，我们会发现，观点的唯一性并不是典型特征。相反，我们所看到的都在意料之中，是差不多相同的主题、象征和故事情节，观点的表达采用了十分相似的术

第三章 关于众神和女神：文字世界的崛起

语，其成型的过程也是遵从一套常见的产生规律。"也许这些相似之处反映了一种"作为文明指导体系的古代宇宙学视野，一种通常与知识渊博的祖先/老师或仁慈的祖先/众神产生关联的视野"？我们将在后面的章节中探索这一点，以及关于知识如何传播的其他理论，还有被斯克兰顿称为"共同亲本宇宙学"的观点，这也许可以解释所有的相似之处，引导人们去追寻发现，什么是亲本宇宙学以及它从何而来。

神话、传奇、宗教故事、宇宙起源故事和文化故事，所有这些方式都包含着我们祖先的探索：他们究竟是谁，是如何到这儿的？天空摇晃，大地颤抖，植物枯萎和再生，日月升起和落下，时而有所不同，行星以各种轨迹和形状在空中移动，他们想知道，周围到底发生了什么。

在格雷汉姆·汉考克的著作《诸神的指纹》中，他研究了神话，尤其是世界末日或灾难性的神话，并将它视为信息传播的一种有效方式。无论它以何种形式呈现，我们都必须聆听："拥有清晰的、可讲述的历史是人类之所以不同于动物的一种能力。不像老鼠、绵羊、牛或野鸡等动物，我们有着从自身分离出来的过去。正如我所说的，我们因此有机会从前辈身上学习经验。是否因为我们的刚愎自用、误入歧途，或者只是愚蠢，所以我们拒绝认可那些经验，除非它们以真实'历史记录'的形式呈现？是否骄傲自大或愚昧无知，导致我们专横地画了一条线，以 5 000 年前为界划，区分出'史前'和'历史'——规定'历史'记录是基于有效证据，而'史前'记录都是基于原始的猜想？在这个不断调查研究的阶段，我的直觉认为，我们可能已经将自己置于危险之中。我们堵上了耳朵，抵制祖先以神话形式传递给我们的恼人声音。这更多的是一种直觉，而非理智，但它绝非不合理的。"

看了被汉考克称作创作神话的古代天才们的手迹，以及他们留下的令人惊叹的遗迹，例如先进玛雅历法体系或结构复杂的金字塔建筑，他无法无视那些"最后一个冰河时代的牛顿、莎士比亚和爱因斯坦"，他们在那儿试图告诉我们："是的，他们好像在说'基尔罗伊在这儿'。是的，活着的时候，他们发现了一种向我们诉说的精妙方式。关于这些事情，我毫无疑问。"不论他们的神话是关乎世界末日，还是世界起源，我们都有必要停下来，看一看，仔细聆听。

我们也在故事里讲述自己的生活。有时候那些故事对我们自己乃至整个宗族而言是个体现象，但有时候，它们又是全世界通用的。所有的这些都蕴含着真相，我们会通过今天讲述的故事，将它们传递给子孙后代。

VIRAL MYTHOLOGY

第四章

很久很久以前：故事、传说与传奇

我喜欢研究民间文学和传奇故事。这些故事通常诉说着民生的奇妙之处,虽只是人们口口相传,但却流芳百世。

——蒂姆·谢弗(Tim Schafer)

在研究神话、民间传说或那些通过象征手法阐述的文学时,人们对它们的诠释是多种多样的:故事中描述的形象本身清晰可见,但关于它的诠释却无限迷离,宛如一道五彩缤纷的彩虹。

——黛安娜·温尼·琼斯(Diana Wynne Jones)

我发现民间传说的精彩之处在于,它是现代人与古代人之间对话的窗口。

——特丽·温德林(Terri Windling)

我们都是讲故事的人。自人类起源,我们一直在构筑思想体系:我们是谁?我们是如何到这里的?我们的目的是什么?

第四章 很久很久以前：故事、传说与传奇

通过创新和想象，我们也一直在尝试分析人类世界的运作方式。在科学出现前，一直是故事主宰着我们；从某种意义而言，科学、知识、智慧和真理长期以来始终存在于故事中。

很久很久以前，我们没有办法将一条信息瞬间传遍全球。我们不得不找寻各种方式，来表达我们目前的想法。或许我们会围坐在篝火旁，低声讲述故事。虽然那时我们并不知道如何去理解这个世界，但我们仍然穷尽自己所知，去描绘这个世界。周遭的现实形形色色、扑朔迷离、完全不可捉摸，而当时的我们也没有科学的头脑或洞察力去理解它。

但我们有文字和图片，我们可以创作故事。

书面故事

不管故事的表现方式是何种——壁画、让听众们目瞪口呆的叙述、书面语言，故事绝不仅仅是消磨时光的一种娱乐，而且也是借助超强想象力的三幕式戏剧结构来传达思想和信息的一种方式。最古老的故事可能出自古老而久远的美索不达米亚人，例如，公元前700年蚀刻在墙柱上的《吉尔伽美什》(*Gilgamesh*)史诗故事。这些故事经过一代又一代人的演绎，或许甚至会演变成为未来故事的一部分。根据迈克尔·洛基特（Michael Lockett）博士的《讲故事的基本要件》(*The Basics of Storytelling*)的阐述，《吉尔伽美什》所包含的花园、洪水等要素启发了后来的《旧约全书·创世记》(*Old Testament's*

Book of Genesis）。

根据洛基特博士的说法，书面故事是由古埃及人用外斯特卡纸草首创的。胡夫（胡夫金字塔的建造者）的儿子们将父亲的一生编成富有英雄主义色彩的传奇故事。《伊索寓言》（Aesop）是一名被释放的古希腊奴隶伊索所著。虽然希腊人称，这些故事来源于希腊，但据我们考证，部分源于北非，大概在公元前300年到公元前250年间著成。"在故事书面化之前，口头讲述故事可以通过代代相传方式，帮助人们传播智慧、知识与文化。"洛基特博士曾以公元前1200年的希腊《荷马史诗》为例，即《荷马史诗》直到公元前700年才编成册，分为我们今天所熟知的《奥赛罗》和《伊利亚特》。

正如我们在第一章所探讨的那样，口头叙事传统的重要性体现在，可以将个人、家庭、事件及先辈们的事迹等故事代代相传下去。最终记入史册的口头叙事历史和传统，不仅仅是口口相传的模式，随着书面媒介的发展和演化，人们后来将它们编成书面文本，以便长久留存。

最终，当人们结合真实事件与真实人物的现场目击者叙述，不断对故事进行诠释时，几乎每个诠释版本都会在原版本上添加一些内容，直至最终故事版本与历史相符合。一些口述故事就慢慢地带上民间传说的色彩。祖先传诵的许多口述故事，因失去了一些有利于奢华幻想的历史观点，而变成传奇和传说。就连价值观和宗教仪式也会改变原事件的历史性，这种改变往往增加了原事件的重要性。

第四章 很久很久以前：故事、传说与传奇

寓言

寓言，就是用篇幅简短的虚构故事来揭示道德观或宗教哲学。寓言不基于历史事件，但传达的是个人或团体行为相关的深层道理。用故事说理，是许多父母教育孩子的一种好方式。正如我们潜意识对寓言所做的回应一样，小孩似乎也乐于回应这种寓教于乐的结合；寓言完全是虚构的文学，通常是神奇或异想天开的故事，意在揭示真相、道德观或特定主题。

其中，最有名的寓言是古希腊奴隶伊索的动物故事，伊索生活在公元前 620 年至公元前 560 年间，他故事中的动物都会说话，他可能讲述了数百个简短的故事。这些故事不仅仅是供人们娱乐之用，而且还向人们揭示了那些不为人察觉的真理。虽然大多数现代学者一致认为，并非《伊索寓言》中的所有故事均出于伊索之手，但这些故事仍然被统称为"伊索寓言"。这些寓言都具备这些特征：篇幅简短，内容虚构，贴近生活，故事里包含带有人类特征的、会说话的动物和植物，并且人与人之间的互动非常少。每篇寓言通常以一个简介开篇，而后阐述故事，最后揭示寓意。其中一些涉及政治、价值观导向与当时的文化谚语。直至今天，《伊索寓言》仍不断被人们讲述和诠释。

深深根植于各种文化和各国国情的寓言，最初被古希腊人和古罗马人用于散文朗诵比赛与公开演讲竞赛的演练。更现代

的寓言包括深受小孩喜爱的《小鹿斑比》与政治讽刺作品《动物农场》(Animal Farm)。《小鹿斑比》是费利克斯·扎尔滕（Felix Salten）于1923年编写而成，而后经由迪士尼公司制作成经典动画片。乔治·奥威尔的《动物农场》是1945年的经典之作。它以动物作为主人公，讲述了斯大林共产主义和极权主义的一则故事。

童话与传说

根据民俗文学研究者的定义，童话与传说是口述故事和书面故事的两个主要类别。Märchen可以翻译成英文中的"童话"或"小故事"，故事场景通常是虚幻的，但有时也有超自然的元素，例如巨魔、精灵或毒苹果。传说描述的是我们所谓的传奇，即发生在特定时间和地点的特定事件，其中可能包含了超自然干扰力量或魔法元素等虚构情节。

正如神话与宗教一样，故事特定主题一般用作铺垫，来揭示某一种普遍存在的真理，甚至是原型或心理问题。神话中有许多相同的主题，包括英雄的征途，过渡到历史叙事，而后就变成了传奇故事。

传奇

无论故事叙事是采用何种形式，其最终目的是向人们传递

第四章 很久很久以前：故事、传说与传奇

信息。即便是最具想象力的小说，也蕴含着历史真相，以便千百年后的我们挖掘当时文化的主要特性及生活方式。传奇通常是历史故事的叙述，但它不会采用象征性叙述手法，而是采用像神话那样的其他故事叙述手法。传奇往往会沿着核心真相不断展开，但核心真相会随着时间的推移而得到润色，这让传奇故事愈发小说化，最终失去了真正传奇的部分色彩，如《亚瑟王传奇》或《罗宾汉故事集》《保罗·班扬》(*Paul Bunyon*)《戈黛娃夫人》(*Lady Godiva*) 和《罗慕路斯和瑞摩斯》(*Romulus and Remus*) 等。根据《格林兄弟》的描述，传说是"历史型民间故事"，而现代民俗学家把它们归类为历史性故事叙事：故事内容涵盖本土文化中的民间信仰和经历，并充满了文化象征和传统价值观。因而，当我们寻找可靠的事实信息分析此类传奇时，正是文化影响的特殊性让我们难以进行剖析，但传奇的确是在向我们再现那些已经蒸发的重要事件。

传奇一词源自古法语与中世纪拉丁语，最开始是用于描述事件。正如之前所说的那样，传奇的主题也可以是个人、地点（如《亚特兰蒂斯》与《香格里拉》）、生物（如《尼斯湖水怪》或《大脚怪》），甚至一个静物都能成就一段传奇故事[如《圣杯》《不老泉》《贤者之石》与《翠玉录》(*The Emerald Tablets*)]。传奇最初是暗指虚构故事，后来，人们渐渐把这种文学叙事题材用于描述历史事件。

人们很难在传奇中找到真相。因为随着时间的流逝，一代又一代的故事讲述者不断在原故事的基础上进行润色和诠释，

就如我们今天对生活中发生的真实事件进行润色一样。（拜托，难道发生在幼稚园的初吻真的那么神奇，就好像你看到漫天星光，独角兽在空气中翩翩起舞？难道不是因为以那样的方式去记住，才更有趣？）

传奇剖析

历史上最受欢迎的一个不朽传奇是，亚瑟王领导全国人民同入侵的盎格鲁-撒克逊人进行殊死搏斗，并带领圆桌骑士完成寻找圣杯的使命。亚瑟王传说历经沧桑变化，被人们演绎出了许多版本。但故事的起点是不变的，可能曾存在传奇故事中的一位国王，或者至少是曾有过反抗盎格鲁-撒克逊人入侵经历的一个真实历史人物。故事是这样的：在6世纪早期，英国国王亚瑟带领大不列颠人民抗击盎格鲁-撒克逊人的入侵。亚瑟王召集了圆桌骑士完成寻找圣杯的使命。在圆桌骑士中，珀西瓦尔和兰斯洛特也同样具有传奇色彩。而圣杯也是一个传说，有的人说是在基督耶稣被钉在十字架上时，鲜血流入圣杯中，另一些人说是耶稣受难前的最后晚餐上使用的一个酒杯。亚瑟王迎娶了美丽的桂妮维亚做王后，但她与兰斯洛特之间的私情让她也蒙上了传奇色彩。魔法师梅林则是故事中另一个传奇人物。梅林不但是亚瑟王的精神导师，而且还帮助亚瑟王最终取得了12场战役的胜利。亚瑟王传奇的亮点还在于带有精灵魔力的王者之剑"埃克斯卡利伯"和传说中亚瑟王遗体所埋葬的岛屿"阿瓦隆"。后来还出现了亚瑟王的儿子莫德雷德，以及亚瑟王同母异父的姐姐——邪恶的摩根；据说，正是莫德雷德在最后的战役剑栏之战中给了他的亲生父亲亚瑟王致命的一击。

更有趣的是，这个传奇故事大部分经过12世纪的法国诗人克雷蒂安德特鲁瓦的润色。通过增加角色和历史事件创造了一些故事元素，他最终成就了中世纪文化下的亚瑟王传奇流派与骑士文化。在他完成整个篇幅前，蒙茅斯的杰弗里在12世纪已经基于自己所收集的亚瑟王信息，创作了《不列颠诸王史》。同时期，在一些威尔士和布列塔尼的故事和诗歌中，亚瑟则是一个帮助不列颠人们抵抗入侵者与超自然敌人的伟大勇士。

在此之前，也有其他学派认为，亚瑟是抵抗盎格鲁-撒克逊人入侵并打赢12场战役的罗马—不列颠著名领袖。在最后一场巴顿山战役中，据记载，亚瑟王独力手刃900人。

学者和历史学家对亚瑟传奇历史基础仍存在争议。他是否真的是带领不列颠人民与圆桌骑士进行抗争或骑士冒险的那位国王，抑或是一个凯尔特民间神灵，或甚至是基督神话的翻版（12个圆桌骑士与12个"门徒"相呼应），或只是一个拼命抗争并拥有传奇故事的了不起战士？直到今天，他的故事仍继续以电影、电视剧、小说和非小说类书籍形式吸引着现代观众，并试图引领观众回答这样的问题：亚瑟是谁？

许多传奇遵循着这样的轨迹：播下历史的种子，栽培种子，拔起幼苗，然后重新栽培，直至最终果实完全是按照所谓的真实故事而改编，从而让当代的我们通过小说来找寻真相。

传奇所起的作用是提供特定人物、事物或事件的文化与历史信息，这种作用一直持续至今，即使其对象为现代社会中更加怪诞、传播更迅速的都市传奇。

都市传奇

当代传奇通常被称为"都市传奇"，即使故事的背景不一定都发生在都市环境中。这些现代神话和传奇通常来源于一个真实的事件，例如，剧毒蜘蛛蜇人事件。经过技术手段与社交网络的传播，事件逐渐演变成爆炸性传播事件，最终以全新的故事呈现，一大拨虚构的小说也随之产生。但由于各地的信仰不同，有所改编也是难免的。一些都市传奇真实地描述了现代生活的方方面面，例如，对某些事物及其危险性的恐惧。为了增强感染力，这些当代警世小说通常向人们灌输恐惧，有时甚至是恐慌与惊悚。

小说写得越骇人听闻，传播得越快、越广。

据悉，"都市传奇"这一概念最早出现在犹他大学英文教授詹·哈洛德·布朗凡（Jan Harold Brunvand）出版的一系列畅销书中。这些书籍由许多传奇故事汇编而成，而后命名为《消失中的便车旅行者：美国都市传奇及其意义》(*The Vanishing Hitchhiker: American UrbanLegends and Their Meanings*) 并于1981年出版发行。这些故事意在说明，传奇和民间传说不仅仅属于所谓原始

第四章 很久很久以前：故事、传说与传奇

或古代社会，还说明了人们可以通过研究这些都市传奇来了解现代文化。

更有趣的是，多数都市传奇故事常常被描述成发生在"朋友的朋友"身上，很少会追溯到一个真实的人物身上。但有时我们可以发觉，这些故事是可以追本溯源的，例如，1946年德克萨肯纳镇的情人节杀手，造就了后来的都市传奇《铁钩》（The Hook）或《铁钩人》（The Hookman）。故事描述的是：在一个偏远的地方，一只手是钩子的连环杀手涉嫌杀害当时正在车上亲热的情侣。事后，铁钩人的一个钩子留在了某个车门把上。但这个故事有许多不同的版本。

我们今天知晓的多数都市传奇通常是虚构的故事、笑话与恶作剧。尽管我们在证实故事真实性方面欠缺一些实际细节，但它们一经网络社交平台等方式炒作后，会像野火般迅速传播开来，意图在于引起人们恐慌。这无疑也证明了一点，人们心怀畏惧的时候，更有利于流言的传播，也解释了为什么最令人印象深刻的都市传奇都触及令人发指的罪行、神秘的怪物，或无论如何都不能去的特殊地点。这些故事也被称作"都市信念故事"，以特定地点中群体的信念为基础，采用"朋友的朋友"的叙事模式，以口头传播形式进行叙事，情节可能会经过润色，也可能不会，这种叙事最终造就了比故事原型人物存活更为长久的都市神话。

一些最黑暗的都市传奇题材包括跟踪狂与杀人狂，这些主角可能纯属虚构，也可能基于真事。如果你在现实中看到他们，

请记得躲开,以下是一些都市传奇故事:

《瘦长鬼影》(Slenderman)——传说中的神秘人是一个五官模糊、身形瘦长,穿西装打领带的男人。一旦他盯上你,你就死定了。他喜欢藏匿在树林里或小孩子周围。

《瑞克》(The Rake)——据说在2003年夏天,一个诡异的人形生物出现在美国东北部,主要是纽约乡村地区。这个生物会对目击者进行精神上的伤害;但大多数人相信这个传奇故事是纯属娱乐或欺骗公众之用。

《鬼车》(The Ghost Car)——佐治亚州花园城警察在追捕野鹅的过程中,目击一辆鬼车穿铁丝网而过。据说,当时白色鬼车被视频拍摄到,而后被上传到网络上。

《血腥玛丽》(Bloody Mary)——这个故事说的可不是鸡尾酒,而是一位名为玛丽的恐怖女人。传说在午夜,如果你独自走到昏暗的浴室,在镜子和自己之间点燃一根蜡烛,对着镜子默念三遍"我相信血腥玛丽",就能召唤"血腥玛丽"。传说,经历了一场事故后玛丽面目全非,因而你只能在镜中看到她的倒影。(本书的作者之一玛丽小时候与伙伴在睡衣派对上曾多次尝试过这种召唤方法,但每次出现在镜子中的都是她的妈妈;妈妈笑着说他们是傻瓜,居然会相信这个传说。)

有人坚称,自己遇到过这些超越时间和空间而存在的神秘怪物。也有人坚持认为,它们不过是经后期处理并放到YouTube等视频网站上疯狂传播的虚构故事,为的是引起人们更多的"关注"。只要这些故事表面上看似合理或存在一些模糊的细节，就会有一些人相信它们，而且还会进行大肆传播。

顺便提一句，近几年在获得最受欢迎复活节服装奖的众多电影中，有一部名为《瘦长鬼影》。但其获奖的原因究竟是因为良好的市场宣传，还是因为恐怖效应呢？

故事讲述者的独白

古老的神话、传说和童话故事关注的重点，并非是我们所认为的"事实"，而是人。甚至连伟大神话中的诸神（希腊、北欧等）都有人类的典型特征。几乎各类神话均演绎着相同主题："众神与人类纠缠，希望人类顺从于他们；而人类希望尽到人类的本职，即讲道义。"神拥有神权，而人类总是在善与恶之间挣扎，这就是为什么古老的故事直到今天还十分吸引人，人们对探寻真相的兴趣远远大于寻求真实信息的兴趣。

那么就有了第二个问题："虚构小说为什么比事实更能揭露真相？"古代神话、传说和童话小说均为虚构作品，但它们也有事实成分，就如同传记中有事实成分一样。

这些故事是不同文化下人性的写照。各类故事背景中人物、时代、历史事件也各不相同，例如希腊神话与美索不达米亚神话就不同。

根据我数十年来讲故事的经验，事实只是反射出我们真实生活的一部分。故事的讲述者向人们揭示一个完整的现实，即根据道德标准直面人性的理想现实。也许这就是为什么故事的讲述者也是老师、巫师和牧师：他们能将人们引入一个梦想、启蒙、消亡构成的世界。

鲁道夫·斯坦纳（Rudolf Steiner）开创了一个名为华德福教育系统。这个系统涵盖了一个庞大的神话学课程，并且基于一定的流程：系统发生—重述重点—个体发生，即旅行会让每个年轻人真正成熟起来，年轻人应多旅行。斯坦纳认为，青少年需要花点时间思考过去，并升华人生：首先是充满了原型的童话；其次是寓言；复次是传说；再次是神话；直至最后才站在历史的大门前。历史是"事实"吗？是的。同样，神话、传说和童话故事其实都是"事实"。它们都是"事实"的观点。但可悲的是，鉴于我们精神食粮的匮乏，想象和感受人类究竟是什么，其载体已在迪士尼动画中遭到歪曲，而电视和电影编剧则篡夺了文化故事讲述者的角色。

伊拉纳·弗里兰德

伊拉纳·弗里兰德（Elana Freeland）作为一名故事家、神话学者兼作家，从小就侃侃而谈，成年后便在华德福学校实习。实习期间，她学会了神话、传奇与童话的授课。在华盛顿大学与常春藤学院讲授神学与故事学期间，她开始创作《芝加哥讲故事指南》(The Seattle Storytelling Guild)与《奥林匹克讲故事人指南》(The Olympia Storytellers Guild)。除了10年的专业故事授课，她还在为期三年半的电台节目"圆桌"中讲故事与朗读诗歌。近来，她完成了《秘密美国系列故事》(Sub Rosa America Series)的创作。这本书讲述了肯尼迪暗杀事件至今的美国历史。

第四章 很久很久以前：故事、传说与传奇

小说中众多故事是从 66 号公路之旅的视角开始讲述的。

苹果籽故事

传奇源于现实生活。其中一个很好的例子就是约翰·恰普曼。恰普曼出生于 1774 年 9 月 24 日的马萨诸塞州莱明斯特市。恰普曼在俄亥俄州、宾夕法尼亚州、肯塔基州、伊利诺伊州和印第安纳州等地区拥有多个苗圃，他用了 50 年时间栽种了大量的苹果树，并将苹果籽供应给美国中西部的移民。这就是为什么美国人民都称他为"约翰苹果籽"。和传说中的一样，虽然他很成功，但他过着简单的生活。他的严谨、慷慨、辛勤劳作与让人朗朗上口的昵称造就了他的传奇故事。他传奇故事的另一亮点在于：每当约翰出行时，他总把烧锅扣在头上当帽子用。据说他每到一处，都会唱起一首旅行之歌，或斯维登堡新教教会的赞歌。至今一些美国家庭在饭前仍在吟唱这首歌："主啊，你对我真好！感谢主赐予我需要的所有东西——阳光、雨水和苹果种子。主啊，你对我真好！阿门。"

人们通过儿童故事书、电影、百老汇戏剧以及众多的卡通片将"约翰苹果籽"故事变为生活娱乐；美国各地也举行节日活动来纪念他。《苹果籽》(*Appleseed*) 是一个真实存在的传奇故事，故事内容十分平常；毫无疑问，他的故事将随着时间的推移得到更好的润色。但根植于历史事实的核心是不变的。

美国民间传说

我曾祖父理查德·约翰逊（Richard Johnson）是一名德才兼备的美国德裔宾夕法尼亚州医生。他在宾夕法尼亚州东部地区享有很高的声誉，曾治愈过无法行走的多名腿疾病人。他的传说流传了至少百年。2012年夏天，我在黄石遇见过一对知道我曾祖父所有故事的宾州夫妇。他们说这些故事仍在他们的故乡盛传。

在研究《宾夕法尼亚州惊悚故事》(Spooky Pennsylvania)一书时，我采访过一位了解我曾祖父的老人。她记得小时候母亲带着她和妹妹去理查德那儿咨询妹妹的病情。那时妹妹还是小婴儿，发着烧，传统药物也未能治愈。老人家边回忆着当时的情形，身体边颤抖着。她说，理查德对妹妹进行祈祷并颂扬，他戴着手套，紧攥着火热的煤炭，一缕缕烟从他手中升起，似乎这意味着可以将热病从妹妹身体中驱走。她当时以为妹妹会死，场面何其可怕，以至于70年后的她仍对此记忆犹新。但妹妹到家后就退烧了，而如今妹妹已经当了外婆。

从定义方面而言，传奇就是基于历史事实而代代相传的传统故事。英雄乔治·华盛顿就是传奇的一个典型案例。我最喜欢的是《新泽西恐怖小说集》中的一则故事，讲述的是美国独立战争时期的一位将军被一个小女孩的鬼魂所拯救的故事。那时，华盛顿设总部于新泽西州的莫里斯敦。另一个关于乔治·华盛顿的传说是发生在葛底斯堡。乔治·华盛顿的鬼魂出现在小石山受困士兵的面前，带领北方军反抗破坏美国统一的同盟军。

第四章 很久很久以前：故事、传说与传奇

殖民时代小说《玛丽传说》（英格兰恐怖小说）的灵感也是来源于真实事件：海盗佩德罗饶恕了一名刚生下女婴的爱尔兰移民妇女。相传，佩德罗一直留意着这个漂亮的小婴儿，直到她长大成人，他向她求爱。据称，佩德罗改过自新后，与玛丽共同生活在新罕布什尔州的一所房子内；死后，玛丽的鬼魂经常出没在这所房子里。

我十分迷恋一部前殖民时期传奇，它在华盛顿州的一个土著部落很流行。故事的背景是恐怖的华盛顿市，这个部落里来了一个特殊的人。在他消失前一年，他总是栖息在部落土地的一块石头上。根据目击者的描述，有一艘船从天而降，发着光的生物把他带走了。这难道是一个古老的外星人传说？

最终，我将讲述一个加拿大不列颠哥伦比亚省的神话。这是一个古老的故事，讲述的是加拿大原住民第一民族的一位大英雄。在这个故事中，一只名为"蒂克斯"（Tix）的怪物攻击了一名战士及其妻子的帐篷。怪物杀死了战士，虽然其妻子与孩子逃脱了，但在他们越过冰封湖面过程中不断被怪物追杀。英雄首领布兰德原本与他的人民住在一个小岛上，他帮这对母子消灭了这只怪物，以防怪物伤害其他人。你可能会问，我为什么会被这个故事迷住？因为"Tix"是长毛象！

S. E. 施洛瑟

S. E. 施洛瑟（S. E. Schlosser）是26部惊悚小说合集（Globe

Pequot Press 出版社）的作者，也是世界著名民间小说网站 Americanfolklore.net 的创始人。

民间传说和民间故事

　　与传奇一样，民间传说往往也涉及真实的历史事件或真实的个人经历。但总体而言，民间传说更虚幻，它意在传达"民间"以及人们如何看待世界。民间是指有着相同点的人们构成一个群体。此相同点是指家族纽带、同一个社区、同一种职业、同一宗教信仰或同一种语言和文化等。民间传说是作为群体沟通和表达手段而出现的。阿兰·邓迪斯（Alan Dundes）将民间传说作为一个有效的学术领域去研究。他在解释民间传说时谈道："不论距离多远，或使用的技术多简单，所有群体都运用过某种形式的民间传说。正因如此，也正因为文化人与文盲都知道同样的故事和谚语，所以民间传说是连接所有人的纽带。"

　　邓迪斯是美国加州大学伯克利分校的一名民俗学者，也是一名作家，出版过十几本书。通常认为，正是他将民间传说认定为一个有效的学科。在获得印第安纳大学民俗学博士学位后，他先后分别在堪萨斯大学和加州大学伯克利分校任教。他在伯克利任教42年，2005年去世。他的作品涉及民间传说、寓言故事、口头和书面文学，甚至民间幽默故事，包括《民俗解析》（*Interpreting Folklore*）《镜中血腥玛丽：精神分析民俗学文集》（*Bloody Mary in the Mirror: Essays in Psychoanalytic Folkloristics*）

第四章 很久很久以前：故事、传说与传奇

《当你把屁股伸入鳄鱼群里：来自文书帝国的都市民俗》(*When You're Up to Your Ass in Alligators: More Urban Folklore from the Paperwork Empire*)《古人寓言集：〈古兰经〉民间传说》(*Fables of the Ancients: Folklore in the an*) 等其他学术类及畅销类主题。

邓迪斯认为，民间传说最普遍的传播方式是口头传播。虽然文学作品最终会是书面形式，但口头传播是民间故事的支柱与判断主标准。纯书面化的一些民间传说，未必是真正的民间故事，但却起源于传统的口头传说，其中包括史诗、神话、传说、寓言故事、谜语、歌曲、笑话、儿歌、祝酒词、童话与祈祷词；民间传说也采用一些非语言形式，如游戏、绗缝、节日、仪式和符号。

互联网是目前最流行的信息传播方式。通过互联网，我们今天可能接触比较多的是书面形式的民间传说。尽管故事会随着人们的传诵与流传而不断被修改，但真正的书面化民间传说带着艺术性与形式结构。

就文化与群体方面来说，民间传说的功能在于，它是文化或群体的验证石，也是道德准则和价值观的基础；同时，它也为传诵当地传说的人们提供集体存在感。虽然在多数情况下，民间传说似乎体现了集体凝聚力，但作为现实和幻想的结合体，它也可以帮助人们提高集体自我意识。和都市传奇一样，现代民间故事可能源于我们童年时代，伴随我们度过余生，甚至会由我们的后代传承下去。

有时，民间传说与神话融合成一种故事体裁，用于描绘一

个非同寻常的情况、人或事件,就好像它是实际发生的历史事实。这些故事往往最开始是口口相传的,虽然背景和时代可能非常准确,但可能会存在增补的捏造情节,如美国最受欢迎的民间传说《保罗·班扬》和《大卫·克罗克特》(Davy Crockett)的故事。

根据美国民俗学家扬·哈罗德·布鲁范德(Jan Harold Brunvand)的说法,民间传说可以分为4类:

1. 关于奇迹、灵验的祈祷、宗教人物形象、启示的宗教传说;

2. 关于鬼魂、吸血鬼、僵尸、狼人、精灵等的超自然传说;

3. 高于生活的传奇人物传说,例如《比利小子》与《苹果籽约翰尼》;

4. 主要关于特定地域与历史的地方传说。

即使是坏人,也可以是民间传说的主角,如《比利小子》《杰西·詹姆斯》和《布法罗·比尔》。有趣的是,大多数民间传说关注的是男人们的生活,鲜有女性能引起民间传说的重视。说到女性民间传说,仅有《安妮·奥克利》(Annie Oakley)和《丽兹·博登》(Lizzie Borden)等浮现在脑海中!

老妇人的故事

不要吞下口香糖!否则口香糖会在你的肠内停留7年。在任何情况下,都不要手淫,否则你的眼睛会失明或者手掌上会长毛。看在上帝的分上,不要做鬼脸,否则你的脸会永久保持

第四章 很久很久以前：故事、传说与传奇

扭曲的模样！请远离电视机，因为，如果你坐太近，你的视力将会下降。

实际上，你可以任试其一，结果你很有可能会安然无恙。这些其实是一种统称为"老妇人故事"的都市传奇，是毫无事实根据的道德警告。这些故事也是源于口头叙事，母亲们经常会用来管束子女。虽然这些警告听起来让人厌恶，但其最初的目的在于，聪明的女人们希望借这些故事让孩子们的人生道路走得顺畅、少些阻碍。（毕竟谁想从小长着一双毛茸茸的手呢？）

我们现在可以通过 Google 与 Snopes 等网站或 Mythbusters 等电视节目来揭穿这些错误，但我们极有可能编造了一些虚假的信息，这些信息会传递给我们的子孙后代。比如，停止说谎吧，否则你的指甲将会出现白点。放下巧克力吧，难道你不知道，它会让你长痤疮？

当树枝断掉时

史上最伟大的民俗学家之一詹姆斯·弗雷泽（James Frazer）撰写了《金枝》(*The Golden Bough Time*)。它是一部有关于自然仪式、宗教仪式、庆祝活动的民间传说与神话集，《时代杂志》称这本书是 20 世纪最有影响力的著作之一。它是我们今天研究自然的检验标准之一，便于我们研究自然让人们敬畏的原因及其巫术在远古的祖先日常生活中是如何存在的。根据弗雷泽的阐述，由于曾基于血腥暴力行为的交感巫术与精神价值的出现，祖先们看待周遭自然界的方式，从"原始"转变为更复杂的文化。

出生、生存、死亡和重生的循环是弗雷泽作品的核心。弗雷泽的作品对世界各地文化传说、神话和宗教仪式均做了逐一说明，目的在于将周遭的自然世界、日益增长的道德伦理需求与更大范围的相关循环加以平衡。弗雷泽（1854—1941年）是苏格兰人类学家，《金枝》（名称来源于英国著名画家约瑟夫·玛罗德·威廉·透纳的一幅油画作品，此作品是关于神圣树林中的圣树）第一版出版于1890年，共两卷。1990年出版第二版（新增3卷）；1906年至1915年，出版第三版。现行多数卷书已含新内容。这是一本分量相当重的书，包含了神话、宗教、仪式和信仰的研究，笔触原始人与异教徒的仪式，涉及生育、死亡、复活、人类牺牲、上帝之死。主题通常围绕着"神圣的王者"对生育的崇拜且甚至存在一些共性，例如，密特拉与基督、酒神狄俄尼索斯与国王亚瑟的神话。事实上，这本书在英国出版后引发了一则丑闻。书中包含了耶稣复活主题基督教故事，或关于神"复活"主题的类似故事，他们中的许多是异教所生。这些都是基督教会不太乐意曝光的内容！

弗雷泽认为，人类思想与观念的发展经历了几个阶段，从巫术到宗教再到科学。时代在进步，知识累积也越来越多，自然界揭示的真理也更多，人们也从过往纯粹相信巫术，变成真

第四章 很久很久以前：故事、传说与传奇

正掌握科学知识。在一定意义上而言，虽然这本书主要阐述宗教与宗教信仰发展历史（从原始人自然仪式到现代神学元素），但透过这本书，我们可以发掘过往历史及祖先们对自然万物的看法：他们是如何看待植物、动物、阳光、生长周期与收获周期的，以及我们在这个世界所处的位置。这些在他们的时代被认为是神奇的。事实上，《金枝》可以被视为一本交感巫术和敬天宗教仪式的百科全书，让人们体验原始人自然仪式感。弗雷泽指出，"同类相生"观念即果必同因。他认为交感巫术是祖先们在对付大自然所运用的巫术中的一种（想想描绘原始人捕猎的洞穴壁画）。另一种是染触巫术，即物体一经互相接触，在中断实体接触后还会继续存在远距离的互相作用。从这种交感关系层面上而言，人们能通过一个物体来对一个人施加影响，只要该物体曾被那个人接触过。

提到这个概念，或许人们会感到一股寒气袭上心头，让人不寒而栗：它与量子纠缠概念十分相似，即粒子在由两个或两个以上粒子组成系统中相互影响的现象，即使粒子在空间上相隔甚远，但仍相互影响。

以下，如上。

染触巫术

根据染触巫术的说法，人体器官（指甲或头发）脱离人体后，仍能按人们意愿继续运作。这也是许多远古和异教仪式所

展现的。下次你修剪脚指甲后,当把长长的趾甲屑冲下马桶时,再想想这件事。对于刚刚开始了解自然规律的迷信原始人,只要他们懂得如何运用趾甲所蕴藏的力量,这些趾甲是强大的,可以帮助他们避免一些厄运。例如,《圣经》传说《力士参孙与大利拉》(*The Biblical tale of Samson and Delilah*)中参孙长头发的重要性。没有了长头发,参孙就力量全失。妖妇大利拉剪掉他的头发,印证了这一点。这个例子完美地说明了,母题可以从一种历史文化传递到另一种,甚至在宗教与科学的殿堂中,也是如此。

在弗雷泽所调查的故事中,这些巫术扮演着一个重要的角色,并再次提醒我们,今天的科学曾是过去玄幻的魔法。现今人们知道,罪犯在犯罪过程中可能会在现场留下 DNA。现在人们也知道,我们可以献血并异地用血。

神化太阳、月亮、树木、农作物、鸡蛋、兔子、玉米等纯天然东西的想法,在今天的我们看来可能很傻。即使先辈们展现这种重视性的方式在今天看来是幼稚、粗暴和具有误导性的!但对他们来说,这些东西非常重要。

在工业时代,许多社会体制和文化不再需要民间传说作为自己地域性特征的建立标准,特别是对于那些经常感到自己渺小或被忽略的穷人而言,更是如此。底层平民不断四处迁徙求职,在迁徙的过程中,他们往往会将年轻时听到的民间传说抛诸脑后。但这从来没有真正抹杀民间传说,只是不断改变它,因为民众本身也在变化。故事在历史长河中继续流淌,甚至到

第四章 很久很久以前：故事、传说与传奇

了今天的科技时代，所有人还都爱听精彩的故事，尤其是故事中还含有一定事实或道理的。

在英语民俗学协会理事会第一份年度报告的一份摘录中（出版于1879年的《民间传说日记》），包含着这样一个重要观点：民间传说可以说是包含那些未纳入官方宗教流派与历史的人类"文化"，它们一直处于不断自我进化的过程中。在文明史中，它表现为奇特和粗野的风俗；动物、鸟类、花卉、树木和自然地物、人类生活事件相关的迷信联想；相信巫术、仙女与精灵；特定地区的传统民谣和谚语；丘陵、河流、溶洞、温泉、古墓、喷泉、田野、树木等的常见名字及所有非同凡响的传说所产生的影响力。

这些非同凡响的传说至今仍引人深思。

童话

比起其他类型的书面故事，具有幻想与奇幻因素的童话结合了人物原型特征，故事为有意识或处于潜意识的人们传达了一些重要信息，如生命及其跌宕起伏的细节。大多数童话遵循一个套路：孤独的男女主角自愿或被迫征服非比寻常的挑战与斗争，甚至必须付出很多的艰辛，从而塑造一个"幸福的"获胜者。童话内人物和母题，多数是描写少年儿童，因而特别适合年轻读者和孩子。

从定义层面来看，童话一词是一种口头或书面的短篇故事

体裁。行文天马行空,但处处充满民俗元素,如仙女、妖精、巨人、侏儒、会说话的树木和动物、精灵与常见的其他幻化生物。魔法在童话中起到一定的作用。童话中好魔法与邪恶魔法并存,但结局可能都是圆满的,就如很多现代好莱坞电影中出现的童话般爱情故事,比如王子拯救了遇险的少女,最终幸福美满地生活在了一起。虽然仙女经常在童话中出现,但她们并非总是必要的。童话一词可能起源于17世纪的法国作家奥努瓦夫人,她称自己的故事为童话。此举更多意味着开创了一个流派,而非表达确切的内容。

童话也是民间传说的流派之一,特点在于常触及魔法或超自然力,即主角通常被赋予神奇的力量,或具备特殊的超能力,或英雄变身对抗超自然生物或物体。童话经常用如"从前"等作为开头,而其余内容中地点与时间描述则相当模糊。主题则是帅气的男主角和美丽的女主角在神奇生物或力量帮助下战胜一些典型敌人,如邪恶的继母、愚蠢的食人魔与卑鄙的巫婆。多数古代故事揭露当时的社会背景,如母系社会、原始人的出生与婚姻习俗、皇家财富和权力的分配。在通常情况下,地位低下的男主角会偶遇公主,并凭借自己的运气、聪慧或魔法抱得美人归,并最终继承王位。反之亦然,例如灰姑娘的故事:一位仙女、一辆南瓜马车与一双玻璃鞋成就了灰姑娘与王子的爱情。

虽然世界各地的童话起源可能未知,但它们在内容上几乎一致。关于这种情况,主要存在两种理论:一种理论认为,原

第四章 很久很久以前：故事、传说与传奇

故事在人们旅行过程中通过口头传播到另一些国家和文化中；另一种理论认为，这些故事大致可能在相同时期以相同的内容出现，这反映了人们打破文化界限的经历。

格林兄弟

童话最早为口头叙事形式。第一次系统地以书面形式表达童话故事的是格林兄弟的《儿童和家庭故事》（*Kinder-und Hausmärchen,* or *Children's and Household Tales*，1812—1815年），它更常见的名字叫《格林童话》。格林兄弟（雅各和威廉）的童话让格林兄弟名声大噪，读者包含成年人和儿童，主题触及两性、暴力、残忍行为等。《格林童话》是一部从心理学角度深层次分析儿童与成人潜意识问题的书。

图 4-1 格林兄弟：雅各·格林与威廉·格林

《格林童话》中一些耳熟能详的故事包括：

《韩塞尔与葛雷特》

《莴苣姑娘》

《雪白与玫瑰红》

《灰姑娘》

《侏儒妖》

《大拇指汤姆》

《马利亚的孩子》

《布莱梅乐队》

《狐狸太太的婚事》

《小精灵和鞋匠》

《睡美人》

《金鹅》

《格林童话》影响了后来的许多文学作品。直到今天，人们仍通过电视剧、科幻小说或电影形式重现《格林童话》的辉煌。

玛丽-路易丝·弗兰（Dr. Marie-Louise von Franz）博士是《童话分析》（*The Interpretation of Fairy Tales*）一书的作者。根据她的说法，童话还包括荣格理念中阴影、阿尼玛与阿尼玛斯、男主角和女主角以及其他关键人物。童话可以表现出原型特征，让故事与我们在深层次和潜意识中产生情感共鸣。根据她的另一理论，一直以来，原始人有可能会将自己的心理活动转变成象征故事，而且荣格学派对这些故事的分析揭示了人类的心声和挑战。弗兰说，童话不仅仅是讲述自己，而且也阐述集体，有两者皆指的意思。

歌谣、歌曲和童谣

现在我们所了解的故事,并非都是以口头或书面的形式进行传播的。有时,以歌谣的方式来阐述故事,可能比书面撰写更能表达词义。民谣有着悠久的历史,最早可追溯到14世纪后期中世纪欧洲的吟游诗人或宫廷仆人,后来成为炙手可热的爱情诗。到了13世纪末期,许多宫廷吟游诗人的吟诗与表演,已成为贵族领主与贵妇人们的娱乐。16世纪后,有些歌谣趋于通俗化,被称作"市井民谣";18世纪,民谣触及经济和阶级斗争。正如其他交流形式一样,民谣是表达当时人们思想活动的一种独特方式。

正如民间故事一样,民歌通过音乐或歌曲的形式传播故事。民歌最早可追溯到19世纪前,包含船夫曲、节日颂歌、祝酒歌、传统儿歌、民谣,甚至饮酒歌。

《祝你生日快乐》被誉为史上最流行的民谣与最知名的英文歌曲。这首歌是由希尔姐妹于1893年写成,后改编为《祝大家早安》(Good Morning to All),并于1912年发行第一个文字版,也就是我们今天仍在吟唱的歌词。

民歌中最流行的是童谣。它们一直伴随着我们成长,并被传唱给我们的子孙后代。这些无聊的儿歌经常被用于如跳绳、跳舞等游戏中,虽完全不切实际,且可能没有任何意义可言,但它们可能是历史人物、时间和事件的写照。

一些童谣的歌词与节拍甚至被认为隐藏着对政府官员与王室成员丑事的嘲弄。尤其是英文童谣,包含着当时人们记忆深刻的历史渊源,诸如"伦敦桥""伦敦钟声"与"橘子和柠檬",据说讲述的是重现老伦敦教堂的钟声。

1881年,凯特·格林纳威(Kate Greenaway)发行了著名的《鹅妈妈童谣》(Mother Goose),也称《老童谣》,其中也收录了一些非常古老的童谣。它可能是在大多数老一代人童年书架上最重要的书籍之一,收录了经典儿歌《嘀嗒,嘀嗒,钟声响》(Hickory, Dickory, Dock)《玛非特小姐》(Little Miss Muffet)《杰克·斯布拉特》(Jack Sprat)《小猫拉小提琴》(The Cat and the Fiddle)《乔治·波吉》(Georgy Porgy)和《小波波》(Little Bo Peep)等。

童谣是不是真实事件的写照?人们对此存在争议。以《三只瞎老鼠》(Three Blind Mice)为例,歌词中的"农夫的妻子"可能暗指16世纪以折磨与杀戮为乐的女王(血腥)玛丽一世。歌词中的"三只瞎老鼠"暗指三名信仰坚定的新教贵族——他们曾因密谋反抗玛丽一世女王而被判刑!

矮胖子,坐墙头,栽了一个大跟头,破蛋难圆没办法?《矮胖子》(Humpty Dumpty)收录在1810年首发的版本中。"矮胖子"指的是一个笨手笨脚的人,据说,暗指曾从马上摔落的英格兰国王理查三世。还有另外一种说法,摔跟头的鸡蛋是暗指国王亨利八世的红衣主教沃尔西的倒台。

第四章 很久很久以前：故事、传说与传奇

《玫瑰花环》（Ring Around the Rosie）暗指黑死病？显然这首儿歌讲的是人们手拉手围成圈，作打喷嚏状后，大家一起躺倒在地，就如所有人都因黑死病死亡，尸体烧成灰。与其他童谣相比，追溯至1347年的这首童谣歌词更引人注目，其中包括一个名为Snopes.com的网站声称，可以揭开事实真相。

一圈一圈玫瑰，

一口袋的花朵，

阿嚏！阿嚏！

我们都摔倒了。

Snopes.com网站仔细剖析这首童谣后表明，这首童谣存在多种版本与日期，其中不少版本的参考资料只字未提到黑死病。这首童谣直到1881年才被印刷发行，这也让人们难以相信，这首儿歌可追溯至黑死病瘟疫暴发的1347年。

有趣的是，许多民俗学者认为，这些小童谣可能是为了躲避19世纪英国与北美实施禁舞令的一种方法。当时，禁舞令禁止的舞蹈是带有音乐伴奏的。通过这些无音乐伴奏的"绕圈游戏"或"角色扮演"，孩子们既可以避开禁令处罚，还可以尽情舞蹈。

或许正如现代歌词一样，这些童谣只是词语的拼凑，并未表达任何意思。它们纯粹是想象虚构的，为的是引起人们的注意，或作为避开反对者眼线的娱乐借口。

童谣的产生与当时思想、概念和故事传播息息相关。因而，除非我们知道编童谣的作者的真正动机，这样我们才可以猜测

它们的含义以及它们所反映的历史事实，否则我们就难以对它们进行分析。

还有一个大问题：抛开它们的形式或结构不谈，除了单纯娱乐作用，这些故事是否想告诉我们一些东西？是否在它们的架构、情节与人物蕴含着戏剧艺术、幻想、幽默、恐怖、实际的科学知识和历史事件？我们今天要做的，不就是通过小说、电影和电视节目等虚构形式来描绘现实情况吗？

《惊天大阴谋》（*All the President's Men*）、《巴顿》（*Patton*）、《上班一条虫》（*Office Space*）等电影不断向我们讲述大屏幕上的伟大故事；即使我们在欣赏电影过程会大口吃着爆米花、奶球、玉米片，喝着可乐，但我们知道有时它们讲述的是真实的历史事件。《白宫风云》（*The West Wing*）、《广告狂人》（*Mad Men*）、《绝命毒师》（*BreakingBad*）、《办公室》（*The Office*）等电视剧以实际存在且我们都非常熟悉的地点、时代或情形为背景，将虚构情节呈现在我们的面前。目前我们称为"电视节目"，并可能会无视这些可传给子孙后代的现代民间传说。

我们深深着迷于含历史、科学与宗教真理的纯虚构小说，如《南方与北方》《夏威夷》《11/22/63》《猎杀红色十月》《达·芬奇密码》等。即使是那些极度怪诞的科幻小说、推理电影、推理性电视节目与推理小说，如《X档案》《行尸走肉》《星际迷航》《星球大战》《第三类接触》《暮光之城》系列、《迷失》《危机边缘》，以及所有奇幻小说，不管是从历史还是精神或科学层面而言，它们都蕴含着一定真理，而这些真理甚至有

第四章 很久很久以前：故事、传说与传奇

可能在未来化为事实。

但我们也有描绘真实事件和真实人物的非小说类书籍与生活纪录片。为了呈现我们所处的时代环境，为了某天某些人能回顾并了解我们试图表达的重要信息，我们有个人日志和博客以及新闻报道。将小说与事实分离，在今天来说是很难的。随着信息传播的渠道越来越多，传播的信息表面上看似准确，但实际上却不是，有些甚至是基于伪证或彻头彻尾的造谣。即使是我们曾视为事实的重要新闻与陈述事实的科研与学术教材，也是会变化、掺假与需要解释的。

我们不应该放弃寓言童话及民间传说和传奇、童谣或侠义传奇故事、歌谣或骑士文学、民歌或民间故事，就如它们不过是人们想象力的产物与娱乐。本质上它们都是我们在迁移过程中需要了解和传承的遗产，是留给子孙的书面化财产。

也许对于故事，我们并不完全能在精神层面或甚至是人性层面上了解它们的意义。有些故事令我们不得其意，但它们无疑仍会影响我们的心灵、灵魂和心智。从整体层面上而言，有些故事令人难以置信；但从个体层面上来看，并非那么令人费解。反之亦然。

即使我们终生试图分析祖先们通过这些信息传播方式向我们传达的意思，我们可能会忽略一点，即有些消息不适用于大脑分析。

它们是要通过我们的人性去感受。

VIRAL MYTHOLOGY

第 五 章

神秘古物：超越时空存在的事物

许多知名考古学家的研究增添了古代文物的神秘，如果他们继续研究，我们有可能很快就会一无所知。

——阿蒂默斯·沃德（Artemus Ward）

世界各地神秘物体似乎都是超越空间和时间而存在的，像是由无形的手段创造出来的，而非环境的自然产物。世上总有些建筑物外观相似、形状相同、结构类似，似乎出自同一位设计者之手。

"考古之谜" Archeoenigmas 是指具有神秘性质或起源的出土文物和建筑物，是我们还未完全理解，或无法通过简单方法进行解释的谜团。通常，人们会赋予这些文物和建筑物超脱尘世的解释。似乎我们收到了来自另外一个世界、另外一种文明的礼物。他们在这个世界留下了未解之谜，等待我们去揭开谜底。

为什么玻利维亚金字塔上的图像与中美洲古石碑和埃及建

第五章 神秘古物：超越时空存在的事物

筑物上的图像那么相似？相同的奇特事物一再出现，讲述了怎样的过去？是否展示了一段具有象征意义的历史？为什么古希腊陶土罐上的石雕与在古代中国发现的一样？有些人认为，我们对历史的认知是错误的，有关古物的传统定论只是更大迷惑的冰山一角。书载历史从代代相传的口述故事和传说演变而来。这就引出一个问题——如果讲述者有意无意遗漏了一些细节，将会怎样呢？

美国自然学家伊万·T. 桑德森（Ivan T. Sanderson）首次提出，用"欧帕兹"一词来描述看似不符合传统历史年表的事物。这些事物极其神秘——引起人们极大兴趣，并且具有重要意义，因为它们对我们的认知提出了挑战。

据传统历史记载，人类直到65 000 000年前才出现在地球上，但是我们如何才能解释，在法国挖掘出的65 000 000年前白垩纪时期的半卵形金属软管呢？早在1912年，发电厂员工发现了一块大煤炭，将其敲碎后，在里面发现了一个铁罐。早在中生代时期，已在大块砂岩中发现了深嵌其中的钉子。此外，还有无数奇特事物异于传统解释。这些发现可能意味着什么呢？存在着多种可能性：

1. 人类的历史实际上更加久远，比历史记载得还要久远。

2. 其他智能生物或文明有可能比人类历史记载的更早出现在地球上。

3. 也许人类的定年方法完全不对，石头、煤炭和化石的形成速度可能比人类估计得要更快。

本章将重点介绍，世界各地发现的几个备受关注的考古谜团和"欧帕兹"。这些发现本身就令人着迷，它们也将促使人们重新审视地球上人类的真实历史。

巴格达电池

1936年，在挖掘2000年前巴格达附近古代村庄的遗迹时，工人们发现了一个神秘的小陶土罐。这个明黄色的陶土罐内含5英寸×1.5英寸大小的铜管。铜管边缘似乎由60-40铅锡合金焊接而成，工艺与现代焊接相差无几。铜管底部为波纹状铜圆盘，并用沥青密封。另一层沥青密封住铜管顶部，并一根铁棒悬于铜管中心。铁棒已被酸性物质腐蚀。

对该神秘物体进行研究后，德国考古学家威尔埃姆·柯尼希（Willhem Konig）得出了惊人的结论：这个看似无奇的陶土罐，实际上是古代电池！但是这怎么可能呢？据历史记载，直到1831年英国科学家迈克尔·法拉第（Michael Faraday）发明了第一台发电机——现代发电机的前身时，才开始将电应用于技术发明。

1940年，马萨诸塞州皮茨菲尔德通用电气高电压实验室的工程师威拉德·F. M. 格雷（Willard F.M. Gray），在阅读了柯尼希的理论后制造出了电池的复制品，利用硫酸铜溶液，使电池产生5伏特电。

20世纪70年代，德国埃及古物学者阿恩·艾格布雷希特

(Arne Eggebrecht)也复制出了巴格达电池,并在电池中装满新榨出来的葡萄汁(他推测古埃及人可能使用了同样的物质),电池产生了 0.87 伏特电。艾格布雷希特制造的电池模型发出的电,足够他将银色雕像电镀成金色。

从那以后,世界上有数百人已经非常成功地复制了巴格达电池。这些实验均证明,在 1799 年年末亚历山德罗·伏特(Alessandro Volta)做出的现代发明前,电池技术已经创造并使用了将近 1 800 年。

这些原始电池的用途是什么?除电镀金属外,一些研究人员已从理论上证实,原始电池可能用于医学目的,甚至作为其他有待发现(或重新发现)的先进技术设备的电力来源。

安提凯希拉装置

1901 年,在安提凯希拉岛附近采集海绵的潜水员发现了一件文物,这件文物非常独特有趣,它的残骸极其复杂,类似时钟装置。装置的技术复杂性和设计是不可思议的——尤其对一个 2 000 多年前的装置而言。装置被发现后,它在博物馆里度过了 50 多年时光,历史学家才对它产生浓厚兴趣,开始调查它的起源和可能的用途。

安提凯希拉装置也被称为"类似钟表装置的计算机"。这个小型的青铜装置制造于公元前 150 年至公元前 100 年间,其独特之处在于,与具有类似复杂性的机器或装置相比,它早出现了 1 000 年。

安提凯希拉装置由外部带刻度盘的小箱子和内部极其复杂的齿轮组件组成，外观与 18、19 世纪精心制作的瑞士钟表非常相似。外部安装了铰链门，似乎是用于保护刻度盘。箱体、箱门和刻度盘上所有可用的表面，均刻有长长的希腊铭文，说明装置的操作和结构。虽然处于严酷的咸水条件下，但装置上至少有 20 个齿轮保存了下来，包括精心安装在转盘上的极其复杂的齿轮组件，该组件具有周转或差动轮系功能。阿特拉斯奇妙之旅（atlasobscura.com）认为，安提凯希拉装置是：

世界上第一台现存模拟计算机。该装置可根据古希腊人建立的天文学和数学原理进行精确计算。为了了解装置的历史，科学家已进行了一个世纪的研究，尽管装置制造者的身份及其在船上的用途仍旧是个谜。

大多数科学家认为安提凯希拉装置不可能是导航工具，这多多少少让人感到意外。海洋上的恶劣环境会损坏仪器的精致齿轮，并且像月食预报这样的功能也并非导航工具所需要的。但是装置的小巧清楚地说明了一点，它在设计时考虑了便携性。一些研究人员认为，装置用于为那些不了解天文学的人展示天文知识，似乎是更合理的说法。

使用仪器时，只需利用曲柄输入日期。齿轮停止旋转时，便会提供很多信息：太阳、月亮、行星和恒星的位置、月相、下一次日食的日期、月亮在天空中的移动速度，甚至是奥林匹克运动会的日期。装置的日历可通过每四年将刻度往回调整一

第五章 神秘古物：超越时空存在的事物

天，以此弥补天文年中额外的四分之一天，这也许是最令人惊奇的一点。罗马儒略历是该地区第一个包含闰年的日历，它是在安提凯希拉装置制造出来后的几十年才出现的。

历史上，在其他地方并未发现如此复杂的装置，甚至在同时期的科技文章或文献上，也并未发现可以间接进行比较的古物。事实上，从我们对希腊化时期科技的掌握来看，这样的装置甚至不应该存在！即便是同时期最复杂的机械装置，也只有简单的齿轮结构。

这件有趣的装置目前存放于雅典国家考古博物馆青铜器馆藏中。蒙大拿州博兹曼市的美国计算机博物馆也拥有该装置的复制品。

丹达腊之灯

丹达腊哈索尔神庙地下深处发现了一处石刻浮雕，从外形上看似乎是一个"类似灯泡"的物体。一些支持者相信这是古代电灯泡！另外一些埃及古物学者认为浮雕上所描绘的技术，似乎与电灯泡的前身克鲁克斯放电管相似。在灯泡图形中，有一条蛇从一朵莲花（灯泡的插座）中爬出。与此相连的是一根电线，电线终端位于一个小箱子中。灯泡的一旁是双臂节德柱，连接着那条蛇以及一只手持两把刀的小狒狒。这一神秘浮雕的发现引发了极大争议，因为它严重违背了传统埃及历史。

研究人员中，持此观点的有著名瑞士考古学家埃里希·冯·丹尼肯（Erich von Däniken）。冯·丹尼肯是一位畅销书作家，以经常引起争议的理论而为人所知，他的理论探讨了"古代外星人"及其对早期人类文化和文明的影响。冯·丹尼肯认为，电灯的存在也许能够解释庙宇和墓穴中未发现明显黑烟和碳沉积物痕迹的原因。在其著作《狮身人面像之眼》（*The Eyes of the Sphinx*）中，他推测那条蛇可能代表灯丝，节德柱为绝缘体，而那根管本身实际上是古代灯泡！冯·丹尼肯认为那只狒狒是警告标志，表示如果使用不当，装置会导致危险。

尽管丹达腊之灯大多数组件符合现代电灯泡的规范，但关键的问题在于，在这样一个原始社会，人们是如何获得知识与工具，开发出这样一项先进技术？其次，即便古代埃及人发明了灯泡，它又是如何获得电力的呢？难道靠的是一个类似于巴格达电池的装置？为什么我们并没有发现任何留存下来的"灯泡"呢？

萨卡拉木鸟

1898年，在埃及萨卡拉沙漠深处一座公元前200年的坟墓中，出土了一件不同寻常的手工艺品。这件保存良好的手工艺品由梧桐木制成，梧桐木被认为是来自坟墓建造的年代。埃及古物出土相当频繁，那么这件文物又有什么独特之处呢？不同寻常的地方就在于，它的形状酷似现代的飞机或滑翔机，所以

第五章 神秘古物：超越时空存在的事物

这件古物被称为"萨卡拉木鸟"或"萨卡拉滑翔机"。它的长度约 5.6 英寸，总翼展 7.2 英寸。这件手工艺品甚至还有形似现代飞机机尾的尾部！

在最初发现时，萨卡拉木鸟被视为鸟的模型，收藏于开罗博物馆的地下室中，落满了灰尘。直到 1969 年，埃及古物学者和模型飞机爱好者卡里尔·密西亚（Khalil Messiha）博士"重新发现"了它。密西亚博士很快发现，这只木鸟并不像其他任何已知的鸟类，但却与飞机有着明显的共同点。从那时起，埃及其他古墓中也发现了几件类似萨卡拉木鸟的古物。

仔细观察萨卡拉木鸟，它看上去的确"形似飞机"。它的尾部像机尾一样与机身垂直，而不像鸟类尾羽一样呈水平状。很多人用轻质木材制造出萨卡拉木鸟的复制品，他们用手将木鸟模型扔出去时，木鸟成功地飞了起来。

尽管主流埃及古物学者认为，萨卡拉木鸟实际上可能是一件陪葬品，或者是一个玩具，但仍有其他学者认为，它是埃及人制造的或曾经见过的真实飞机或滑翔机的模型。有趣的是，埃及人制造的鸟类模型通常都有腿，但萨卡拉木鸟却没有。此外，其他木鸟模型羽翼上均有彩绘图案，而萨卡拉木鸟也没有。

最后还有一种关于萨卡拉木鸟的有趣传闻。镌刻在模型侧面的象形文字意为"阿蒙神的礼物"。在古代埃及，阿蒙神被视为风和空气之神。据说，在萨卡拉木鸟旁边的古本手卷上发现了"我要飞"的字样。

科索人造物品

现在，让我们将目光从古代埃及转向美国。1961年，华莱士·莱恩（Wallace Lane）、弗吉尼亚·马克塞（Virginia Maxey）和迈克·麦克塞尔（Mike Mikesell）三个好朋友采集了一些晶石，准备在他们位于加利福尼亚州奥兰察小镇附近的宝石商店出售。挖掘了一段时间后，他们发现了一块相当奇特的晶石，晶石看上去有一层化石状的外壳。此外，他们还发现，有两件无磁性的金属物体从晶石顶部伸出。令人惊奇的是，它们从外形上看像是一颗钉子和一个垫圈！

第二天在商店中，迈克·麦克塞尔试图将晶石切割成两半。但在切割过程中，他几乎用断了一把新的金刚石锯条。在切口处的圆截面上，他发现了极其坚硬而稠密的类似陶瓷材料的白色物质。在陶瓷基底的中心，有一根两毫米的亮色磁性金属轴。麦克塞尔认定，这件物体是一个现代火花塞！

弗吉尼亚·马克塞称，已将这块奇特晶石送去给一位地质学家分析。这位地质学家鉴定，它已有近500 000年的历史。迄今为止，这位地质学家的姓名及他用来鉴定晶石历史的方法仍不得而知。对于一件具有重大意义的古物而言，这位地质学家的身份似乎非常可疑，而且他的发现也并未出现在任何权威的专业刊物上。此外，在该地质学家鉴定科索人造物品拥有近500 000年历史的年代，当时并没有办法能够准确测量手工艺品

第五章 神秘古物：超越时空存在的事物

或晶石的年限（如使用主导化石）。

皮埃尔·斯特龙伯格（Pierre Stromberg）和保罗·海因里希（Paul Heinrich）合著了一本名为《科索人造物品：时间深处的谜团》（*The Coso Artifact: Mystery From the Depths of Time?*）的一书中写道："为了解更多关于一个世纪以前火花塞技术的知识，我们求助了美国火花塞收藏者协会（SPCA）。我们向四个不同的火花塞收藏者协会发送了信件，说明科索人造物品的详细信息，包括X光片。我们预计，或许SPCA会给出关于这件物品的某些模糊线索，或许根本不会有任何结果。然而结果却让我们大吃一惊！"

1999年9月9日，协会主席查德·温德姆（Chad Windham）致电皮埃尔·斯特龙伯格。温德姆最初怀疑斯特龙伯格也是一个火花塞收藏者，他在信件中隐瞒了真实身份，目的是想和他开个玩笑。在火花塞系列中，的确有一种名为"斯特龙伯格"的产品，这一事实让他的心中更有顾虑。尽管斯特龙伯格不断向温德姆保证，他的目的纯粹是研究，但他很疑惑为什么温德姆如此多疑，并向他询问了原因。温德姆回答，在他看来，这件物品很明显就是一个现代火花塞，这封信肯定是个恶作剧。温德姆写道："我看到X光片那一刻，就知道它是什么了。"

斯特龙伯格询问温德姆，是否能确定火花塞制造方面的具体信息。温德姆回答，他确定这是一个20世纪20年代冠军牌火花塞。后来，温德姆还寄来了两个相同的火花塞作比对。温德姆致电十天后，SPCA创始人比尔·邦德（Bill Bond）也给斯特龙伯格打来了电话。邦德同时也是一家拥有 2 000 件火花塞收藏品的私人博物馆馆长。邦德表示，他可以确定科索人造物品的来源："这是一个 20 世纪 20 年代冠军牌火花塞。"火花塞收藏者迈克·希利（Mike Healy）和杰夫·巴塞尔德（Jeff Bartheld，SPCA 副主席）也同意邦德和温德姆关于火花塞的观点。迄今为止，对于科索人造物品的来源，火花塞收藏者之间并无异议。

当今研究人员对于科索人造物品的真正来源仍存在分歧，这件神秘物品在未来一段时日内可能仍是一个有争议的话题。

佐治亚引导石

在佐治亚州艾尔伯特县城外 8 英里处的一座山坡上，佐治亚引导石傲然挺立，它是现代工程和设计的一座丰碑。现代？是的，佐治亚引导石的结构众所周知。但除此之外，其他细节却鲜为人知。

佐治亚引导石也被称为"美国巨石阵"，是由艾尔伯特县花岗岩精加工公司于 1980 年建造的巨石碑群。石碑上用 8 种不同语言（英语、西班牙语、斯瓦希里语、印度语、希伯来语、阿拉伯语、汉语和俄语）镌刻着十条"指示"，意在引导"理性时代"。石碑的排列方式可描绘冬至和夏至。石碑规模巨大——采石、运输、架设以今天的标准来看，依然是一项惊人的工程壮举。

第五章 神秘古物：超越时空存在的事物

图5-1 佐治亚引导石。图片由拉里·弗拉克斯曼提供

每块石碑高达 16 米，其中 4 块各重达 20 多吨。4 块石碑共同支撑着 25 000 磅的压顶石。每块石碑上刻有以下语录：

1. 人口保持在 500 000 000 以下，和大自然永恒共存。
2. 明智地引导生育，增进健康与多样化。
3. 用一种现存的新语言来团结整个人类。
4. 用一种沉着的理性来控制激情、信仰、传统乃至世间万物。
5. 用公正的法律与法庭来保障人民与国家。
6. 让所有的国家独立自主，涉外纠纷提交国际法庭解决。
7. 废止琐碎的法律，罢免无能的官员。
8. 个人权利与社会义务保持平衡。

9. 珍视真、善、美，寻求宇宙和谐。

10. 请勿成为地球的毒瘤，请给大自然留点空间。

正如大多数"未知"事物一样，佐治亚引导石也引发了很多与其意义有关的阴谋论。关于隐藏在石碑之后真实意义的说法比比皆是——有些人认为，石碑与撒旦或路西法有关，还有一些人则认为，引导石实际上是世界新秩序（NWO）的图形化表达，并举例证明了神秘的"影子政府"所拥护的信仰。

2009年，《连线》（Wired）杂志撰文报道了佐治亚引导石，并提供了大量关于这些神秘石碑群起源的背景资料。然而，文章中依然有许多无法解释的内容。文中写道，1979年6月的一天，一位名为罗伯特·C.克里斯蒂安（Robert C. Christian）的人来到艾尔伯特县，表示要以"一小群忠诚的美国人"的名义计划建造一座复杂的巨型石碑。克里斯蒂安选择世界花岗岩之都——艾尔伯特县作为石碑的建造之地，是因为据说这里的采石场拥有世界上最优质的花岗岩。

克里斯蒂安向艾尔伯特县花岗岩精加工公司总裁乔·芬德利（Joe Fendley）描述了自己想象中的石碑形象，芬德利对此十分感兴趣，石碑将由巨型岩石组成，比艾尔伯特县以往所采集到的岩石都更大。人们将对岩石进行切割和加工，然后安装在某种巨大的"天文仪器"上。

克里斯蒂安向芬德利说明了该建筑物将满足的几项预期用途：作为指南针、日历以及时钟，并将用世界上8种主要语言镌刻数条指示。克里斯蒂安坚持要求，石碑必须能够抵御灾难

第五章 神秘古物：超越时空存在的事物

和自然灾害。人类文明即将走向自我毁灭，如此一来，幸存下来的人类才能利用这些指示重建更好的文明。

同年夏末，佐治亚引导石便开始施工。为了记录工程进度，人们拍摄了数百张照片，并且为寻找建造最终石碑的大块花岗岩，利用凿岩机凿入金字塔采石场114米深处的岩石中。当第一块28吨的大块花岗岩被抬升至地面时，芬德利及其工作人员都屏住了呼吸，他们担心起重机不堪重压。为了打磨岩石并确定尺寸，人们用卡车将特殊燃烧器（原本是用于切割和加工大块花岗岩的火箭发动机）运到了艾尔伯特，并雇用了两个技艺精湛的石匠来打磨岩石。

接着，工作人员开始在艾尔伯特县为引导石寻找合适的安放地点：双7农场牧场上方有一座平顶小山丘，周围都是农田，视野开阔。这块土地的拥有者韦恩·穆利奈克斯（Wayne Mullinex）以5 000美元出售了5英亩土地。付款后，克里斯蒂安还允许穆利奈克斯及其子孙在这片土地上终生放牧，而且引导石的地基也由穆利奈克斯的建筑公司负责。

土地交易完成后，引导石的未来也已确定。

显然，在冬至、夏至、春分、秋分时节，引导石中央石柱上精心雕刻的狭槽会面朝太阳升起的方向。引导石上有关星相的部分非常复杂。芬德利不得不从佐治亚大学聘请了一位天文学家担任顾问，协助执行设计工作。外围4块石头的方位根据太阳每年的运行而设计。中央石柱需具备两个精确校准的特征：一个是孔洞，在任何时候都可以通过这个孔洞观测北极星；一个是狭槽，在冬至、夏至、春分、秋分当天，它会与早晨初升的太阳保持在同一条线上。压顶石中央有一个7或8英寸的孔，每天正午时，阳光穿过孔射入，照在中央石柱上，指示当天日期。这是另外一个巨石阵吗？克里斯蒂安当初的构想，是建造一个美国版巨石阵奇观吗？

引导石的主要特征是，将10条指示用8种语言刻在外围巨石两面上：有英语、西班牙语、俄语、汉语、阿拉伯语、希伯来语、印度语和斯瓦希里语。还有一句类似使命宣言的声明（让引导石引领我们开启理性时代），用埃及象形文字、古希腊语、梵语和巴比伦的楔形文字刻在压顶石的两面上。联合国将其翻译成其他语言（包括已失传的语言），用模板印刷在巨石上并用喷砂器进行蚀刻。

还未竣工，巨石阵就已引发了争议。传闻最早出现在艾尔伯特县花岗岩协会内，他们忌妒这项工程所引起的关注。有人说，芬德利是整件事的幕后策划者，他的朋友银行家马丁从旁协助。传闻愈演愈烈，最后两人不得不在艾尔伯特县中心接受测谎实验。据《艾尔伯特县星报》（*Elberton Star*）报道，两人都毫无争议地通过测谎，传闻才逐渐平息。但知道这件事的人越来越多，又引发了新的抱怨。马丁回忆道，随着巨石上铭文的传播，甚至连他的朋友也质问他，为什么要替魔鬼做事。《连线》杂志刊登的一篇文章写道，当地一位名叫詹姆斯·特拉文斯蒂德（James Travenstead）的牧师说，"一个神秘组织"将在引导石聚集，"终有一天，这儿会被当作祭坛"。参与雕刻巨石

第五章 神秘古物：超越时空存在的事物

表面文字的喷砂工查理·克兰普（Charlie Clamp）表示，在蚀刻巨石表面指示的数百个小时中，他常常听到莫名其妙的音乐和时断时续的声音。这样一来，那些本就半信半疑的人更相信恶魔论了。

最近，在佐治亚州停留期间，我去参观了引导石。我想亲自看看，为什么这个巨石阵会引发如此大的争议。我从当地了解引导石设计和结构的人那里获得的信息不多，但令人惊奇的是，我却采访到了其中一位关键人物（他自称参与了阴谋策划）。据此人描述，引导石的设计不过是一则精心制作的"广告"，目的在于促进当地大理石和石雕贸易的发展。

关于这个神秘建筑，还有很多说法，我离开时依旧疑惑重重。尽管我对"R.C.克里斯蒂安"的神秘身份及其建造佐治亚引导石的目的也有自己的想法，但这座建筑依旧充满神秘色彩，它的神秘也将成为佐治亚历史中未解之谜的一部分。

肯辛顿如尼符石

在美国各地发现的几块如尼符石，似乎都与传统和考古历史中的描绘不同。其中最具争议的是，位于明尼苏达州的肯辛顿如尼符石和位于俄克拉荷马州的黑芬纳如尼符石。大多数人认为，这些石头雕刻于现代，是为了告诉世人，斯堪的纳维亚的探险家在14世纪到达过北美中部。很显然，这对公认的历史记录产生了巨大的冲击。

肯辛顿如尼符石尺寸为36英寸×16英寸×6英寸，重达200磅，其表面和一边侧面上刻有如尼文字，于1898年在明尼苏达州道格拉斯县索莱姆镇被发现。这块石头以最近的城镇肯辛顿命名。肯辛顿人坚称，如尼符石的出现具有合理性。研究斯堪的纳维亚语言学的专家对这块石头进行了分析，几乎所有专家都认为，这块石头是精心伪造的古物。

相传，1889年11月，明尼苏达州一位名叫奥拉夫·奥赫曼（Olaf Ohman）的农民，在南面一座50米高的小山坡上挖掘杨树树桩的时候，发现了这块石头。奥赫曼曾说，这块石头正面朝下，埋在土壤下将近6英寸的地方，被无数树根缠绕。出土数年后，如尼符石被送到明尼苏达大学，接着又被送往芝加哥大学。大学中的如尼文学者对其进行了分析，称石头上的铭文详细记载了14世纪挪威探险家的历史。初步分析公布以来，一些其他权威机构也对这块石头进行了研究，并认定这块石头是伪造物。但依然有很多人相信它的真实性。

据历史记载，1355年，瑞典国王马格努斯（Magnus）确实曾派遣一支探险队前往格陵兰岛，这些勇敢的航海家却从此再也没有回来。很多人认为，雕刻肯辛顿如尼符石的人正是来自那支探险队。这块石头本身没有多少线索可供追溯它的真正由来。

石头上的如尼文，直译过来大意是："8个哥特人和22个挪威人从遥远的西方维音兰出发，开始一段探险之旅。一天旅程结束时，我们在这块石头以北的两座岩石岛附近扎营。有一天，我们出去捕鱼,回来后发现 10 个人满身是血,已经死亡。万福玛丽亚,拯救我们脱离罪孽吧!"

石头侧面上写道:"到达这座岛屿的第 14 天,让 10 个人留在海边照看船只。1362 年。"

2000 年,在 20 州和加拿大 3 省的考古学家大会上,一位明尼苏达州的地质学家与一位威斯康星州的化学家联合出示了一份证据,他们认为证据十分有力,可以证明石头上的如尼文是"真实的"。他们认为这块石头的确是件古物,也许可追溯到 14 世纪。

自此之后,再没有人提出确凿科学证据来支持或否定这块石头的真实性。肯辛顿如尼符石褪去了神秘的面纱。

阿尤德的不明铝制楔形物

1973 年,罗马尼亚阿尤德附近,一群建筑工人在穆列什河岸边一个 33 米深的沙坑里发现了三件出土物品。其中两件为介于中新世和更新世时期之间的乳齿象骨头,另外一件是"锤子"形状的不明块体。这件楔形物重达近 5 磅,看起来很奇特。由于这件物品不同寻常,因此被送到克卢日纳波卡的研究所进行分析鉴定。科学家发现这件物品实际上是金属块,具有两个尺寸不同的圆柱孔,直径较小的圆柱孔垂直穿过另一个圆柱孔的底部。较大的孔呈椭圆形,看起来似乎连着一根轴。这件物品表面上有无数划痕,说明它曾遭受过持续的猛烈撞击。种种迹象显示，这件物品可能是一套大型功能组件上的零部件，不知何故被遗落在穆列什河岸边。

默古雷莱研究院（ICPMNN）对这件物品进行了冶金分析，确定该物品的成分非常奇特复杂。经化验表明，阿尤德的不明铝制楔形物由12种不同元素组成，其中含铝89%，另外还有2.84%的硅、0.81%的锌、0.41%的铅、0.33%的锡、0.2%的锆、0.0024%的镍、0.0023%的钴、0.0003%的铋、0.0002%的银以及微量的镓。

因此，这件物品基本上是由铝制成，但它却被证明拥有250 000年的历史。这就让人疑窦丛生，因为铝直到1825年才被发现，而镉、镍、铋、钴分别于1817年、1751年、1753年和1735年被发现。

白公山铁管

是铁管，是树木，还是外星人来过的证据？据说，在中国农村的白公山上，发现数百根插入山中的铁管，铁管已锈迹斑斑。在附近的盐湖中，也发现类似铁管直插入湖底，还有一些铁管散于湖岸上。一些考古学家认为，这些看起来切割齐整的铁管，可追溯到5 000年前。关于这些神秘铁管来历的信息极少，大多数来自2002年6月19日新华网一篇题为《中国科学家前往疑似外星人遗址》（Chinese Scientists to Head for Suspected ET Relics）的报道。报道称，柴达木盆地深处德令哈市附近的

第五章 神秘古物：超越时空存在的事物

神秘遗址，被当地人称为"外星人遗址"。它看上去像金字塔，高达50米至60米。该地分布着三个岩洞，洞口为三角形。其中一个岩洞内插入了半截直径约为40厘米的钢管，岩洞之上也有数十根不同直径的钢管插入山体。

据德令哈政府宣传部部长秦建文所述，这些红棕色铁管曾被送到一家当地的冶炼厂进行分析。分析显示，铁管中含30%氧化铁，大量二氧化硅和氧化钙，还有8%的成分无法确定。负责分析的工程师刘少林表示："二氧化硅和氧化钙含量较大，是铁元素和砂岩长期相互作用的结果，这表明这些铁管历史悠久。"

秦建文说："分析结果为白公山铁管增添了神秘色彩。这里的自然条件非常严峻，无人居住，更不用说现代工业，只有白公山北面有少数流动牧民。"

因为铁管所在地海拔很高，所以有些当地人认为，外星人可能来过此地，这些铁管从某种程度上印证了这一点。但是，研究人员和质疑者指出，这些"铁管"也许只是树木的化石。树木被洪水冲刷到柴达木盆地，后来融入砂岩之中，因为在"铁管"内发现了有机物质和石化的树木年轮。有些研究人员认为，铁管可能由竹子构成，这可以解释铁管呈长条直管状外观的原因，但他们无法解释树木年轮。

一直以来，这个地方都披着一层神秘面纱，与其说是因为外星人或其神秘的来历，还不如说更多是因为当地传说。

金字塔能

在世界各地，实际上存在着数以千计的金字塔形建筑物。但是，这些建筑物为什么会存在呢？更重要的是，不同文化之间如何交流信息？虽然吉萨胡夫金字塔最有名，但是实际上仅仅在吉萨，就有其他8座不同大小的金字塔。令人惊奇的是，在埃及各地——塞加拉中部、拉罕、哈瓦拉、阿布拉瓦须——都发现了这些外形复杂的建筑物。

在美国也有一些金字塔。尽管大多数北美金字塔是由泥土建造的，并且通常被称为"土丘"，然而相似之处显而易见。卡霍基亚遗址（伊利诺伊州科林斯维）上的土丘芒克斯墩、埃托瓦土墩群（佐治亚州卡特斯维）、迈阿密堡大蛇丘（俄亥俄州）都与世界上各地发现的其他金字塔建筑物有着惊人的相似之处。

在中美洲和南美洲发现了数以百计的金字塔建筑，包括很多阶梯金字塔。科学家认为，这些玛雅之谜的风格特点来自古巴比伦人，如中间隆起的大型层级阶梯。建于683年、安葬着巴加尔二世的碑铭神庙也许是中美洲最有名的金字塔。中美洲其他著名金字塔还包括羽蛇神金字塔、太阳金字塔和月亮金字塔，是中美洲已发现的近600座不同金字塔中最大的几座金字塔。在秘鲁的利马区域有卡拉尔金字塔，其中的拉尔卡金字塔被认为是南美洲已发现的最大金字塔。

第五章 神秘古物：超越时空存在的事物

不论信与不信，在希腊也发现了几座金字塔。虽然知道的人不多，已发现了16座希腊金字塔，其中大多数是为了纪念在战斗中牺牲的战士而建造。16座金字塔中，有14座遭到严重破坏，另外2座完好无损的金字塔位于海林尼高（Helleniko）和利古里翁（Ligourio）。

图5-2 图片由托马斯霍夫（Thomaswanhoff）提供

图5-3 图片由亚历克斯·科瓦鲁维亚斯（Alex Covarrubias）提供

人们在地球的两端，发现了2座非常相似的阶梯金字塔。一座是柬埔寨的贡开金字塔（图5-2）；另外一座是墨西哥奇琴伊察的埃尔卡斯蒂约金字塔（图5-3）。

在欧洲，波斯尼亚金字塔极具争议。科学家和历史学家对其进行了仔细研究，发起了激烈讨论，并宣布波斯尼亚金字塔并非真正的古迹，尽管对于其合理性证据和意见不一。在欧洲发现的很多其他金字塔，被认为受到了基督教的影响，但是证明其是否受到外部文化影响的书面证据却很少。

这种建筑物在全球盛行的原因，是因为人类内心深处对金字塔形物体的喜爱，还是因为人们通常将金字塔视为传递地面能量至塔尖，再射向宇宙（或反之亦然）的象征物？

一些考古学家认为，无须对此做出神秘解释。包括思想和创新在内，文化具有相似的演变和进化模式。但也有人认为，信息能够跨越海洋和广袤陆地，唯一的方式是借助外力的影响，甚至是外星人。

也许，真正的原因，只有少部分誓守秘密的人知晓……

VIRAL MYTHOLOGY

第六章

隐藏的智慧,不为人知的真理

时间能够揭开一切秘密。

——让·拉辛（Jean Racine）

有些人认为，真理可以利用精心的掩饰隐藏起来，但随着时间的流逝，虚假的外衣终会褪去，真理总有重见天日的一天。

——伊斯梅尔·哈尼亚（Ismail Haniyeh）

人们必须向政治或宗教领域的权威人物隐瞒真理，这种情况在历史上曾经发生过。事实上，这种情况出现过许多次。真理、科学知识、心灵智慧，所有这些都被制定规矩和控制大众的人视为危险之物，不论是因为真理和知识会终结统治者的权力，还是因为真理和知识的公开会引起社会巨变。因此，在通常情况下，某个或者某群冒着生命危险传递知识的人，会将其以物体或符号的形式隐藏起来，防止知识湮灭在历史中。

在历史上，孤独的术士、秘密的社团、占卜师和神秘主义

➜ 第六章 隐藏的智慧，不为人知的真理 ⬅

者都在隐藏和传递真理的过程中发挥了各自的作用。当他们被屠杀、监禁、受尽折磨时，当他们的物品、著作和学说随之一起烧掉时，我们只能通过想象猜测，多少真相随之遗失。

秘密和社团

隐藏的信息通常以符号的形式留存下来，只有少数特定的人或受到一定程度启发的人，才能明白其中的含义。有些人可以利用艺术，甚至建筑和扑克牌，使外观看似装饰风格，但事实上却承载着秘密——有时是至关重要的秘密——以免被目光敏锐者发现。

从5世纪至15世纪中世纪的大多数时间内，古代文明开始迅速发展并迈入中世纪末的现代化时期。但在我们一同迎来14世纪意大利文艺复兴的"光芒"前，早期人文科学必须经受那段知识分子堕落、宗教狂热和文化萧条的"黑暗年代"的洗礼。在那段黑暗的时光中，通常以宗教热情和主观正义为名进行干预和调查，就是当时的秩序。7世纪，伊斯兰帝国在北非开疆拓土，与此同时，基督教也在不断向西扩张，并蔓延至整个西欧。

一个王国推翻了另一个王国，一代帝王取代了另一代帝王，一种宗教驱逐了另一种宗教，任何违背当时权威的学说、智慧或知识，都可能成为遭受折磨或被判处死刑的理由。然而，在中世纪盛期还出现过十字军东征（这是一场欧洲天主教徒针对异教徒和穆斯林的宗教战争，目的在于控制、同化他们，或将他们完全清除），在12世纪至14世纪早期，宗教法庭曾经建立。罗马天主教的宗教法庭旨在镇压宗派主义和消灭异教徒，尤其是清洁派或瓦勒度派的信徒。

于12世纪初期出现的宗教法庭后来扩展到其他国家，信仰其他宗教的人都成了有组织的"政治迫害"的目标，其中包括圣殿骑士、印度教徒和穆斯林。在此后的葡萄牙宗教法庭中，还包括西班牙系犹太人，在18世纪的欧洲和美国，他们被捕后被强迫加入基督教，甚至是被处以火刑，这在亚洲和非洲也非常普遍。

这些宗教圣战的目的不仅仅是清除异教组织，同时也向传播超自然和神秘概念的人发出直接警告，尤其是针对那些反对天主教教义和质疑教堂权力及权威性的人。这对各类观点、开放思想、辩论、宗教自由和自由表达而言，确实是一个黑暗的年代，不以宗教为媒介就想获得启示、追求深奥的知识，只能成为一种奢望。

简言之，深奥体验论就是对深奥信仰的实践，通常存在于秘密致力于维护和传递信仰的小团体中。这个词来源于希腊语"esoterikos"，意为"在内部"，指内部知识体系。和深奥知识这个词相似，神秘学这个词来源于拉丁语"occultus"，意为"隐藏的、神秘的"，是仅向内行和被接纳的新成员开放的知识体系，通常带有魔幻色彩，但通常包含对科学的真正兴趣，如炼金术教义。

神秘学和神秘教义可包含任何内容，从占星术、炼金术、见神论、唯心论、玫瑰十字会、熔炼术、卡巴拉、诺斯替教、

第六章 隐藏的智慧，不为人知的真理

恶魔崇拜、巫术崇拜、泰勒玛和共济会，到打着秘密智慧团体旗号的一些哲学和神秘运动。因为这些教义中许多都违背了那个时代的权威或宗教准则，所以它们被视为秘密，尽管很多成员在宗教和政治领域都身居高位。

事实上，所有这些信仰均试图超越科学知识和宗教接受范围的严格界限，有这两者在尺度的两端，中心便能有更多精神的、神秘的真理。主流宗教也许有一些神秘分支，如基督教神秘主义者和苏菲派，但其运作比前卫的神秘组织更自由。很多神秘传统有着相似线索，如生命力的信仰；符合宇宙和自然规律的"如其在上，如其在下"信仰；通过占卜工具、天使、灵魂向导、专家和仪式等媒介，获得精神真理的直接体验，以及真理和启示的个人转变。

同样，大多数在控制和权威下得以幸存的活动都必须低调进行，避免惹怒权力机构，因此，所有人都可获得精神启示或者精神真理这一概念，便和将人们置于公知之下的需要产生了直接冲突。值得注意的是，天主教堂对于非天主教徒而言无任何意义，而其实践是通往真理的唯一途径，异教徒和亵渎者在一些人手中受尽了各种折磨。这些人拒绝切断神圣力量和我们之间的神秘中间人的联系。

清洁派教徒的故事

早期"秘密社团"的典型代表为清洁派教徒。在严密的监

视下,他们通过令人窒息的精神和智力条件传递知识和秘密。清洁派教徒,又被称为阿尔比派,是欧洲的一个虔诚教派,12世纪和13世纪时,主要分布在法国南部和意大利。他们被当时的天主教会认定为异教徒。1209年,教皇英诺森三世下令十字军东征对阿尔比派进行屠杀。清洁派教徒是二元论者,他们将物质享受视为邪恶行为,所以他们过着简单、质朴的生活。但那不是教会对他们发怒的原因。清洁派教徒否认耶稣的物质身体,而将其视为精神身体中的精神实体。他们认为精神和天堂是美好的,而人和物质世界是邪恶的。因此,他们鄙视天主教会奢靡的建筑和财富。他们也拒绝承认教皇的权威,并采取类似于佛教的不抵抗策略。

换句话说,清洁派教徒是一群热爱和平的人,他们自称为"纯洁派",认为自己的信仰体系远比天主教会的金钱、权力和贪婪更纯洁。他们的牧师被称为"完美者",为追求纯洁放弃了一切世俗之物,所有清洁派教徒按他们理想中基督的生活方式生活,平等对待包括妇女在内的所有人,这彻底激怒了天主教会。他们也很擅长使用神秘的象征手法,尊抹大拉的玛丽亚为耶稣的伴侣,这在1945年于埃及发现的纳格哈马迪福音书中也有暗示。在菲利普福音书中有这样一段记载:当被问及与抹大拉的关系时,耶稣声称这段神秘婚姻是"伟大的"。根据威廉·亨利(William Henry)所撰写的《清洁派教徒的秘密:为什么黑暗年代的教会要摧毁他们》(Secrets of the Cathars: Why the Dark Age Church Was Out to Destroy Them)一书中所阐述,

第六章 隐藏的智慧，不为人知的真理

这也符合"纯洁派"的概念。这一概念起源于他们对于女神造物主玛丽亚的信仰（有些人认为其原型是夏娃）。亨利认为，清洁派教徒可能持有耶稣亲自书写的神圣的《爱之书》(Book of Love)。耶稣将其转交给圣约翰（John the Divine），之后被圣殿骑士收藏（圣殿骑士是另一次天主教十字军东征的受害者）。对于清洁派教徒而言，圣杯不是一个杯子，而是一个有价值的精神容器，可将我们自身转化成可承载爱之光或圣灵的容器。亨利在书中写道："当天主教会对清洁派教徒和圣殿骑士（1308年）进行拷问时，才得知遗失或被藏起来的福音书是存在的。其内容包含秘密技能（以圣殿骑士的头骨为象征），据说这项技能可赋予人控制自然的力量，可把普通人的血液转化成不朽的光照派智慧、神圣、纯洁的生命血液。它等同于圣杯（注意光照派的名字，稍后会介绍它与圣殿骑士的关联）。"

在十字军东征之前，许多清洁派教徒居住在法国南部马赛港西部朗格多克地区，清洁教很快成为那个地区的主流宗教，拥有众多支持者，其中还包括教会的叛离者，而且直到现在，那里还保留了很多关于抹大拉崇拜的线索。也有传言称，此处有可能是基督的埋葬地。清洁派教徒的信仰也暗示了玛丽亚和耶稣育有后代。

因此，整整两代的清洁派教徒被天主教会屠杀，少数幸存者散落在该区域，过着低调的生活。但直到现在，依然流传着一个关于"清洁派教徒宝藏"的谜团。就在捕获和屠杀开始之前，宝藏被偷偷运出蒙特古的堡垒。宝藏可能是无数白银和黄

金、圣杯本身、抹大拉玛丽亚的血液（她在早些时候来到法国南部）、基督的藏身之地，以及很多人认为的耶稣和抹大拉后代的家谱图。事实上，还有一些人相信，宝藏依然在这个地区，有可能深埋在一个叫雷恩堡的地方。

雷恩堡

在比利牛斯山的山顶，距离法国南部朗格多克——鲁西荣大区南部的卡尔卡松区大约25英里（40公里）处有一座小镇，镇中有一座叫雷恩堡的教堂和建筑，其中可能深藏着清洁派教徒的秘密。这座教堂专为纪念抹大拉的玛丽亚而修建，前门之上有献词："此处是一个令人敬畏的地方，是上帝的住所、天堂的大门，应该被称为上帝的王朝。"1887年，一位叫贝格伦·索尼埃（Berenger Sauniere）的神秘牧师，对这座风雨飘摇的教堂进行了修缮。据说，他发现了一些令人惊奇的、神秘的内含家谱的羊皮纸。这也许会动摇整个人类历史的根基。在搬走空心石柱中的祭坛石后，他发现了这些羊皮纸。据说，索尼埃将其中一句"A Dagobert II Roi et a Sion estce tresor et il la mort"，翻译为"这个宝藏属于国王达戈贝托二世和锡安，他长眠于此"。之后，索尼埃来到巴黎，购买了一幅有趣画作的仿品。那幅画便是由尼古拉斯·普桑（Nicholas Poussin）于1640年创作的《阿卡迪亚的牧人》(*The Shepards of Arcadia*)。画中描绘了三个站在石棺旁边的牧人，石棺上刻有铭文："Et in Arcadia, Ego"，

第六章 隐藏的智慧，不为人知的真理

意为"即使在阿卡迪亚，也有我"。

图6-1 尼古拉斯·普桑的作品《阿卡迪亚的牧人》。据说画中包含与耶稣坟墓位置有关的神秘符号和标志

因为与地形特点的相似性，以及可能是耶稣的墓地，这具石棺据说被埋在雷恩堡附近。索尼埃在教堂遗址发现的家谱可能与耶稣血统有关，"王室血统""圣格拉尔"或者圣杯显示耶稣的后人一直延续到法兰克的墨洛温王朝。

负责保守这些秘密的组织之一是另一个被称作郇山隐修会的"秘密社团"，暗指索尼埃在镂空石柱中所发现神秘文稿中提到的"锡安"，并且流行文化小说，如丹·布朗（Dan Brown）的《达·芬奇密码》，和非小说类文学作品如亨利·林肯（Henry Lincoln）、理查德·利（Richard Leigh）和迈克尔·贝金特（Michael Baigent）所著的《圣血与圣杯》（Holy Grail）均对其有所描述，在其他著作中也有提及。

郇山隐修会是一个出现在圣殿骑士之后的教会，据说，它的存在是为守护秘密、王室血统和其他所有有关人员。隐修会大师级创始人可能包括达·芬奇本人、伊萨克·牛顿爵士（Sir Isaac Newton）、维克多·雨果以及其他致力于保护基督和抹大拉后人的知名人物。然而，整个隐修会可能只是皮埃尔·普朗塔尔（Pierre Plantard）在1956年的一次疯狂创作，他是一个反犹太主义者，也是一个神秘小集团的成员。他被发现从20世纪60年代开始在一系列信件中伪造命令，妄图成为团体的下一个大师。不管普朗塔尔是将事实小说化了，还是完全虚构了整个故事，人们还是一直相信郇山隐修会的传奇及其和秘密宝藏的关联。

再次回到那幅画。丹·布朗的小说和其他相关书籍使耶稣可能埋葬在雷恩堡教堂附近的事实以及在教堂深处地板下埋有宝藏的可能更加广为人知，这导致大批研究者、游客和寻宝人蜂拥而至。到目前为止，仍未发现宝藏，也未发现符合普桑画作中所描述的石棺，然而，教会拥有很多符号化的秘密，也许某天会泄露出许多人在寻找的真相的位置。

亨利·林肯是一名研究人员，同时也是作家，他花费大量时间研究这个教堂的历史和秘密。他认为在设计和建造这座教堂时使用了大量神圣几何学，包括六边形、五边形、三角形，均可在周围的景观中找出。在他记录下与传说相关的特定教堂的位置时，他表示任何地方均可应用几何学，但在雷恩堡，测量如此精准，说明它不可能是随机的。他同时发现这附近的几座山构成了一个完美五边形。其中，拉皮克山位于死点位置。他将其与金星联系起来，金星本身与抹大拉有关。作为一

第六章 隐藏的智慧，不为人知的真理

个神圣的几何符号，完美五边形指示出圣地和基督坟墓的可能位置。

有人声称，普桑所画耶稣的坟墓在1933年之前都不存在，同时，在那之前那个地点也无任何坟墓，但我们必须指出的是假定这些研究者确实发现了真正位置。时至今日，关于基督埋葬之地传言真假的问题仍然存在很大争议，人们想知道为什么这样一个寂静的小地方会吸引如此多的游客，现在，我们都知道即使是神话和传说其核心也隐藏着一个真相。

然而，不管索尼埃是否发现了宝藏；不管他是否是为了让自己富有才创造了整个故事，以此给自己渺小的世界带来财富；或者耶稣和抹大拉的玛丽亚是否结婚；他们的家谱是否记录在羊皮纸上，并被主教会和上帝的秘密骑士所守护；以及建在镇口被索尼埃用作图书馆的马洁达拉塔，都暗示着玛丽亚绝不是耶稣在他布教道路上所遭遇的一个妓女。从某些方面来说，这些都暗示她是一位举足轻重的女性，理应受到尊敬和崇拜，然而至今，我们还无法知道原因，但从哈马地、雷恩堡、清洁派教徒、圣殿骑士和所谓的锡安中均获得了线索。虽然，当地进行的开挖并未发现类似宝藏的东西，家谱图也无处可寻，但传说依然延续着。事实上，因为流行文化，传说愈演愈烈，但再一次，我们不得不问：虚构的元素之下真能找寻出一点真相吗？为什么一个妓女如此重要并成为传说的中心人物？这些都使人不得不深思。

圣殿骑士的关联

另外一个和清洁派宝藏以及耶稣的血脉相关的秘密社团是圣殿骑士,也被称为圣殿骑士团,耶稣的或者所罗门圣殿的士兵,有时只是普通的老骑士。这个中世纪的团体是一个由忠实基督徒组成的强大团体,他们承担了军事上的职责,甚至参加了十字军东征,他们的旗帜以现在众所周知的白底红十字为特点。在两个世纪中,圣殿骑士受到教会的庇佑,并建立了自己的基础设施和秘密入会仪式以及最高统治权。但他们也负责守护耶稣的血脉和清洁派教徒的秘密,这使得他们成为双重代理人。

然而,圣殿骑士常常被描绘成保护从以色列港口城市雅法前往耶路撒冷的朝圣者的武装僧侣。据说,他们发现了传说中埋藏在所罗门圣殿的宝藏,并将这些宝藏保护起来。他们一夜暴富,当时的国王,法国的菲利普四世对他们产生了疑心并深感愤怒,因为他本人也被传受到圣殿骑士的恩惠。在获得教皇克莱门特(Clement)的允许后,菲利普四世命令抓捕圣殿骑士并占有他们的财富。圣殿骑士团在1307年10月13日周五被围捕(后来出现了"周五第13"的迷信传言),他们受尽各种折磨被逼承认包括同性恋在内的各种指控,很多人受火刑而死,其中包括两位骑士团的上层指挥者。他们的财产被查封,那些侥幸逃脱的人被送到其他地区,或者被收入现有的一个叫医院骑士团的军事团体。葡萄牙圣殿骑士非常聪明，他们逃脱后，仅仅是将团体的名字改为"耶稣的骑士"便逃脱了教皇进一步的审查。

传说，某个圣殿骑士的指挥人雅克·德·莫莱（Jacques de Molay）在被绑木桩上遭受火刑时诅咒了下令逮捕的教皇克莱门特和菲利普国王。一个月之后，克莱门特教皇去世，国王菲利普四世在狩猎中的一次意外事故后很快辞世。

后来，圣殿骑士团便和共济会的教义紧密联系在一起，即使仍然延续原有圣殿骑士的仪式和制度，但他们已与中世纪时的团体没有直接关联。他们现在被视为有博爱胸怀和武士气概的团体，成员们并无明显的宗教偏好，只有一个至高无上的信仰。当代神殿骑士团和其他团体都有关联，如马耳他骑士团、圣保罗骑士团以及约克礼共济会红十字骑士。

如今，我们知道了很多过去和现在看似神秘的社团，它们似乎掌握一些从先人手中传承下来的知识，而我们这些普通的社会闲杂人等是不能接触到这些知识的。其中某些社团具有宗教上的倾向，但其他社团似乎更倾向于政治和权力。

男性同盟

很多人认为这些团体只不过为一群人提供了一次聚集的机会，他们进行装扮并举行看似重要的愚蠢仪式，谣传坚持真正的权力、重要性甚至传递家族秘密。可能是为了纪念最初的

"男性同盟",或者是现代社会之前那些只有男性能够加入的秘密武士社团,你必须要做的就是暗中进行所有事情,使女性远离(通常但并不绝对),遵循奇特的入会仪式和等级制度。你也许会穿上一些如长袍或者具有奇怪帽子的服装。一些社团的存在确实是为了传输知识,尤其是深奥的知识,它们以非常结构化的课程进行教授,而且成员必须通过的启蒙课程是掌握真理。仅为少数特定人提供学习伟大真理的机会似乎有失公允,但是能够从源头上保证教义的纯洁并且避免受到公众观点和概念的影响,使其处于审查监管之下,确保新成员的动机和意图符合教义。

其中一个最古老的学生团体是美国布什总统曾加入的臭名昭著的骷髅会。这个社团成立于1832年,主要由耶鲁大学的精英学生组成,他们入会时需要经过一定的仪式,而这个仪式的灵感来自共济会。他们每两周在一栋被称为"坟墓"的建筑中聚会一次(最初他们被称为"死亡兄弟会"),毫无疑问他们计划着统治世界,与此同时,他们的同学还在争取合作单位的支持。一些阴谋论者认为美国中央情报局在成立这个组织时发挥了很大作用,它们可以从中挑选未来的领导人或是对其进行监视。很多大学都有一些秘密社团,都具有类似兄弟会或者妇女联谊会的特征,并建立了各自选择成员的条件和奇怪的入会仪式。

其他秘密精英社团包括东方圣殿骑士团,或称静安军团。静安军团是成立于20世纪初的宗教社团,具有一定共济会的基础,但其宗教信仰为泰勒玛,推崇神秘学,以阿莱斯特·克劳利（Aleister Crowley）为代表人物。泰勒玛的成立原则是"做你想做的就是律法的全部，爱是律法，爱在律法之下"由克劳利创立的诺斯替教的教众遍布世界各地，他们常以裸体女祭司为特征并向埃及的神甚至是魔鬼祈求。

由三个前共济会成员所创立的黄金黎明协会是19世纪和20世纪初的一个以英格兰为基地的神奇团队。创始人为威廉·罗伯特·伍德曼（William Robert Woodman）、威廉·温·威斯科特（William Wynn Westcott）、塞缪尔·里德尔·麦格雷戈·马瑟尔（Samuel Liddell MacGregor Mathers）。该协会的仪式和教义以基督教神秘主义、卡巴拉、塔罗牌、炼金术、神学甚至是古代的赫耳墨斯神智学为基础。赫耳墨斯神智学的运用要归功于乔纳斯·特里特米乌斯（Johannas Trithemius）解读的密码文件。据说，文件记载了受蔷薇十字会影响的神秘仪式。在教义中有三大部分需新成员掌握，均基于不同程度的神秘难懂的哲学和实践。通常认为黄金黎明协会对后来的神秘团体产生了较大影响，如静安军团，甚至是巫术教义。

其他现代社团包括光照派和天主事工会，它们在流行文化中常常被描绘成出于不同动机欲统治世界的邪恶的权力掮客。它们可能不传递任何秘密，所做的只是如何控制大众、银行、货币体系以及房地产，并创建了传说中的新世界秩序。有趣的是，光照派成立于1776年启蒙运动后的某个时期，由一群巴伐利亚的思想家、知识分子和进步人士组成，尽管其中有许多共济会的成员，但他们不需要任何特定的宗教信仰。大部分成员是人道主义者，这可能导致了现今的阴谋论，认为现代光照派意图摧毁所有宗教。最初的协会可能在18世纪末政府禁止建立这些群体时已经消亡，但仍有些阴谋论者认为光照派依然存在，并且通过监视地球上所有政治家、宗教领袖和实体企业的活动变得比以前更险恶。

天主事工会在丹·布朗的畅销小说《达·芬奇密码》中扮演了反面角色，然而，它并非想完全摧毁郇山隐修会并永远将耶稣的血脉从公众视线中隐藏起来。至少，它是这么告诉我们的。1928年天主教会在西班牙成立了这个组织，教皇派厄斯十二世批准那些向往独身主义、对神学绝对忠诚并投身于其中的人加入这个组织。至于他们是否有更大野心，这只有他们自己清楚了。

我们主要关注两个秘密社团，它们都声称在数个世纪以来一直在进行仪式化的信息传递，尤其是灵性知识和真理，并且时至今日依然在继续传递。

玫瑰十字会

炼金术或者说是将普通金属转变成金子的实践可能是玫瑰十字会起源的基础。据说是一群德国新教徒在受到3篇出版文献的影响后于17世纪所建立的，历史上，玫瑰十字会是最大、最具有影响力的协会之一。"玫瑰十字会"这一词来自一个名叫克里斯蒂安·罗森科鲁兹（Christian Rosenkreuz）的传

第六章 隐藏的智慧，不为人知的真理

说中的炼金术士，他周游世界搜集秘密真理和知识。为这个组织奠定基础的3篇文献是《玫瑰十字会的传说》(The Fame of the Brotherhood of RC)《玫瑰十字会的忏悔》(The Confession of the Brotherhood of RC)以及《伊斯兰教纪元1459年，克里斯蒂安·罗森科鲁兹的化学婚礼》(The Chymical Wedding of Christian Rosenkreutz anno 1459)。第一本书介绍的是罗森科鲁兹作为云游医生和炼金术士的故事；第二本书是关于一个秘密的炼金术兄弟会希望改变欧洲的政治和哲学；第三本书则是关于一个国王和一个王后在奇迹城堡中举行的化学婚礼。这个化学婚礼似乎受到了玫瑰十字会教义的强烈影响，但并非与金属和黄金的转换有关。相反，这是人向智慧灵魂的一个精神转变，具有相似过程。

图6-2 玫瑰十字会的典型标志——玫瑰色十字架寺庙。该画作由西奥菲勒斯·施维赫夫阿德特·康斯坦丁（Teophilus Schweighardt Constantiens）于1618年创作

虽然最初的成员反对罗马天主教,但他们对新教徒和路德会教友却持开放态度。他们的标志是"玫瑰色十字",说明他们受到基督教神秘主义和赫耳墨斯神秘学的影响。赫耳墨斯神秘学是公元2世纪或者3世纪的导师和圣人赫耳墨斯·特里斯梅季塔斯(Hermes Trismegistus)在古希腊和古埃及传递的智慧,这可能是炼金术引起人们浓厚兴趣的主要原因。1614年到1620年这段时间被称为玫瑰十字会启蒙运动时期,在这段时间内,数以百计的书籍和文献都受到玫瑰十字会的强烈影响。虽然很多成员声称他们的组织要比共济会更久远,并指出第18级苏格兰仪式被称为"玫瑰十字骑士",然而这仍在争论之中,但这两个协会确实有一些共同点,包括入会等级和会员制度。

已知的在美国最古老的团体是由帕斯卡尔·贝弗利·伦道夫(Paschal Beverly Randolph)于1858年建立的玫瑰十字兄弟会,该协会据说源于1614年在德国成立的玫瑰十字会。如今遍布世界的玫瑰十字会团体与最初的协会也许存在或者不存在直接联系,但继承了其主要教义和结构。虽然现在不似以前神秘,任何人都可以注册或者登录某个网站获取教义和培训材料,包括女人,但真正神秘的传统仍然是历史的一部分,使追随者在思想、艺术、文化、政治和宗教各领域的活动更注重精神层面,更遵从内心的想法。

玫瑰十字会启蒙运动和真理的关键教义集中在炼金术上,包括对点石成金术和长生不老药配方的寻找,这对于西方炼金术士来说就如同圣杯一般。据炼金术相关著作记载,魔法石只

第六章 隐藏的智慧，不为人知的真理

是极普通之物，可能是酊剂或者粉末，可将普通金属转化成黄金、白银和其他贵金属。这一基质也能应用在长生不老术中，保护灵魂，治愈疾病并能够带来精神上的启示。从中世纪至17世纪，整个欧洲的炼金术士都在寻找这种石头。他们在实验室中连续数日进行实验寻找这种神秘物质。即使最终所有人均未成功制出药剂，他们所进行的实验依然补充了化学、冶金甚至是药理学等方面的知识。

炼金术的追求

在赫耳墨斯神秘学和之后的玫瑰十字会的智慧教义中，在思想层面上也追求相同过程。学习相应课程，进行相应训练，举行仪式并传授教义后，一个人可以上升至更高等级并到达启示的顶点，获得内在魔法石，并找到与真正的长生不老药具有相同作用的药剂，帮助我们保持青春、长寿，获得更多生机和活力。

炼金术既是一门艺术，也是一门科学，可能还是一门哲学。以这三门学科为基础，炼金术被视为现代化学和医药学的"科学雏形"，尽管它包含了许多神话、魔法和宗教。不像今天需严格遵守科学方法，炼金术允许隐藏的无形力量发挥作用，这些力量往往有助于完善内在，即使基本金属的外部完善才是实际目标。在更黑暗的中世纪，在实验室中进行的炼金术实验反映出对真正意义上的科学的追求。而且，在那些不希望人们成

为神学家的权威人物的监管下,炼金术的神秘色彩也会渐渐消退。很多人痴迷于这种炼金术的转变,但对于当时的教会和政界人物而言,这可能威胁到他们的统治或者导致宗教机构的废除,当时的宗教认为,一个人不应该知道神或者成为神或者在没有神父或者教皇的帮助下获得真理。

当谈到玫瑰十字会的教义中炼金术的使用时,有一个人被认为能够最好地代表这种神秘科学的精神途径。托马斯·沃恩(Thomas Vaughn)是17世纪玫瑰十字会的一位来自威尔士的占星家,他以埃雷尼厄斯·里息斯(Eireneus Philalethes)的笔名发表了多篇关于炼金术的文献,其中包括著名的《光明之光》(Lumin de Lumine),这篇文献证明了炼金术是生理、心理和精神现实的一部分。他在其中谈到神圣生命的精髓,一种贯穿了所有生命、所有形式的无形精神物质(类似气或者原力)。而且魔法石也是能够带来精神转变并纯化术士身体和灵魂的"试金石"。他把这种物质称为"药",可以用来治愈疾病,甚至能将病人从死亡边缘救回,这在意识的每一个层面都已证明。对沃恩来说,能将普通金属转变成黄金是一个巨大的秘密。他在《光明之光》中写道:"我制造了这块石头,但并不是偷来的,而是来自上帝的礼物,我用自己的双手成功制造了它,并且它每天都在我的控制之下。我记录下了我所知道的。"

他的著作还包括其他著名的炼金术文献,如《封闭王宫的一个入口》(An Open Entrance to the Shut Palace of the King),书中随处可见炼金术象征主义、真理和科学发现,并再次提到了

"延长寿命和治疗疾病的通用医学这一概念"。

共济会

一位等级为33级的共济会成员罗伯特·麦考伊（Robert Macoy）在他的《共济会通史》（*General History of Freemasonry*）一书中提到了古代秘密社团和学校对当代知识分子和子孙强大影响的重要性："似乎所有文明的完善，哲学、科学和艺术的进步均要归功于这些机构，这些机构隐藏在神秘面纱之下，试图说明宗教、道德和美德的崇高真理，并在信徒心中留下深刻印象。"

图6-3 共济会的典型标志——圆规和罗盘。G表示上帝或先知。图片由梅塞尔·沃兰德（Messer Woland）提供

古代神秘学校通过专家和新成员传递知识、真理和通往智慧的钥匙，帮助一个人找到上帝的同盟，发现灵魂的魅力和尊严以及永生的希望。在以后的历史中，当贪婪和权力侵蚀这些

传统之后，妨碍其最初的真实目的时，这些神秘社团也变得更加险恶。

共济会曾因上述原因遭到起诉。

在中世纪时，共济会还是一个松散的由石匠组成的组织，他们在下班后相约在某栋建筑附近的集会处一起用餐聊天，如今共济会已从一个临时的劳工组织变成了一个巨大的更哲学的，甚至神秘的庞大实体，并始终保持其神秘特点。虽然有些人认为共济会的纲领大约制定于1717年，但其他人认为共济会的起源更早，甚至直至中世纪，当时在英格兰、苏格兰和爱尔兰的分部共同构成共济会的总部，而美国则要更晚些，大约在1730年，第一个美国分部出现在宾夕法尼亚，并在美国革命结束后传播到海外。

相比于成立初期，共济会的仪式和传统也许发生了一点改变，但总体而言，要成为一个真正的共济会成员，必须有另一个共济会成员的推荐，并历经三个主要阶段：入门学徒——基本会员制度；石匠副手——中等程度的知识；共济会导师——必须参加共济会活动。苏格兰共济会有33个等级。注意数字3的重要性，在共济会的概念中，它是一个非常强大和神圣的数字。共济会会员有各自特殊的标记、符号、握手，甚至是穿衣方式，虽然不同地区有所不同。在最早的英籍美国人的协会中，禁止女人加入，禁止所有的政治讨论和评论，并要求信仰上帝或者宇宙的创造者。在更自由的共济会中允许女性的存在，允许政治交谈，推进教会与国家的分离和信仰自由，甚至无信仰。

> 第六章 隐藏的智慧，不为人知的真理 >

大多数共济会的仪式、原则和活动都相同，注重作为仪式和典礼组成部分的石匠工具的有力象征，传播道德、兄弟友爱（而非姐妹之情，除非在自由分部）、美德和真理。随着成员的等级越来越高，他学习成为一个更加道德高尚的人，更理解自己和他人并改善自己与上帝的关系。

以上是对共济会的概述，但仍有许多阴谋论者为这一秘密社团涂上了一层阴暗色彩，他们认为该社团作为一个强大实体干预现代宗教、政治和人类的未来，并非总是为人民大众的利益考虑。这与中世纪艺术家和真正的石匠所描绘的画面明显不同。

古代工匠

在《共济会秘史》(*The Secret History of Freemasonry*) 一书中，作者同时也是共济会会员的保罗·诺登（Paul Naudon）提到了圣殿骑士和共济会之间鲜为人知的关联及其如何起源于古罗马的工匠大学。这些组织的目的是向现代社会传递先于基督教出现的神圣传统的知识和信息。这些传递通过宗教仪式和传统符号象征进行。诺登也提到教会的建立者包括中世纪早期的本笃会主教、西多会和圣殿骑士以及作为传统起源的基于交易的共济会。

诺登指出了较古老的并以劳力为主的手工型共济会和后来具有更多宗教和哲学元素的思考型共济会的区别。仪式和教义并未进行书面记录,而是通过口头传递,因此很难确定仪式的形式和含义。但据说许多仪式和符号象征都和神圣几何学有关联,最知名的当属随处可见共济会符号的所罗门圣殿和苏格兰罗斯林教。由戴维开始建造并由所罗门完工的所罗门圣殿被用作祭坛祭奠圣人,存放约柜和摩西律法石板。诺登写道:"在中世纪时代,所罗门圣殿在宇宙和人的两个层面上都被当作是上帝真正殿宇的象征,人类是宇宙的简化形式,承载着基督的化身赋予的庄严和价值。圣殿同时被认为是宇宙宏观和人类微观的象征。"

如其在上,如其在下——赫耳墨斯神秘学信仰再次发现了融入许多神秘学派的方法。

所罗门圣殿

所罗门圣殿传说的象征是共济会教义和思想的关键。当戴维的儿子所罗门王于公元前 950 年在耶路撒冷建立圣殿时,《圣经》中的《列王记》描述了这样一件事,所罗门王雇用了一个叫海勒姆·阿比福(Hiram Abiff)的人与他合作,海勒姆说他知道圣殿的秘密。当他被绑架并以死威胁说出秘密时,海勒姆最终因未说出秘密而惨遭毒手。所罗门王得知了他的死讯,并命令一队同济会成员去搜寻海勒姆的尸体和圣殿所谓的秘密。据传,他派出的同济会成员并未成功,因此所罗门王设立了一条共济会的新秘密,相传新秘密就是 Mahabone 这一词,意为"总会的大门打开

了",现在被用做第 3 级共济会会员的密码:

他在圣殿前竖立了两根柱子,一个在右手边,另一个在左手边,将右手边的柱子命名为雅斤,左手边的命名为波阿斯。(《圣经》 II 17)

圣殿门廊里有两根巨大的铜或青铜柱,被称为波阿斯和雅斤,据说它们守卫着圣殿并刻有重要符号。波阿斯意为"力量",雅斤意为"建立"。很多学者猜想这两根柱子是否暗指建造这座圣殿的两位王——戴维和所罗门。在共济会的分会常常能发现这两根柱子的复制品,甚至脱离了圣殿,它们也不失传奇色彩。

罗斯林教堂

另一个对共济会和圣殿骑士来说具有传奇色彩的地方是苏格兰的罗斯林教堂。传说,这个教堂由苏格兰第一伯爵威廉·辛克莱(William Sinclair)建造于 1440 年。阴谋家认为他是基督的直系血脉。罗斯林教堂是三个苏格兰洛锡安郡区三个做礼拜的场所之一。很多建筑特征表明其受到共济会和圣殿骑士的影响,包括在教堂东边的"大师支柱"和"学徒支柱",其根据 18 世纪一个石匠大师和他年轻徒弟的名字而命名。石匠大师对于他的徒弟能够在无初始设计帮助的情况下,完成雕刻石柱的任务缺乏信心,但当徒弟在事前未看的情况下刻出初始设计时,大师非常生气并杀害了徒弟。作为惩罚,石匠大师的脸被刻在学徒支柱上，这样大师将永远注视着它。

其他符号，如不同人物手的摆放方式均表现了共济会的象征主义，又如另一座雕塑描绘了一个蒙着眼的人被另一个披着斗篷的像圣殿骑士一样的人牵引着向前走，正如新成员进入共济会的方式。因为这个教堂建于15世纪，而关于共济会的最早记录可追溯至16世纪和17世纪，因此有些人认为这些共济会的符号可能是后来在修缮教堂时，由一些受雇的共济会成员添加上去的。另一个威廉·辛克莱增添了这些符号的神秘色彩，他后来成为苏格兰共济会的第一任大师，并且是众多辛克莱共济会成员的第一个，但他并非先前所提到的建造教堂的那个"辛克莱"。

当然，所有这些联系都曾遭受质疑，甚至很多已被揭穿，但这些传奇的联系仍继续存在，部分原因是丹·布朗《达·芬奇密码》中罗斯林的普及以及后来关于圣殿骑士的宝藏、耶稣的头、圣杯甚至是受难十字架本身埋藏在罗斯林的暗示。这些东西均未被发现。

然而，教堂中确实还存在一个巨大谜团。213个拱心石方块嵌入石柱和拱桥中，上面具有不同图案。在每个拱的尾端都有一个天使在弹奏乐器。没人知道这些方块或者其图案的含义，但有一对父子可能发现了其中的意图。

他们声称，这些方块是刻在具有600年历史的教堂内的乐谱。汤米·J. 米切尔（Tommy J. Mitchell）和他的儿子斯图亚特（Stuart）研究了27年后才发现有实际的音调和音高可与每个方

第六章 隐藏的智慧，不为人知的真理

块相匹配，并创造了一段所谓的和声。这些符号必须首先被破译，然后被"克拉尼图案"音流学系统的研究员发现。音流学是一门研究声波在介质中所形成物理形态相关的波现象的学科。

米切尔父子感觉立方石块所演奏的"歌曲"听起来像是悠扬的童谣，他们将之命名为"罗斯林赞歌"。虽未找到能够解释这首歌的与之相应的歌词，但我们可以联想到许多秘密社团和智慧学派的相同信仰——如其在上，如其在下。

任何一个伟大的建筑师都会告诉你，宇宙的通用语言是数学，它也是和声学与音乐背后的力量。

共济会的历史：我们的国父们是共济会成员吗？

美国很多受人尊敬的"开国元勋"都是共济会成员。本杰明·富兰克林在1734年成为大师，并于同年在美国编辑出版了第一本共济会的书。托马斯·潘恩也是一位共济会成员，他在19世纪初发表了《论共济会起源》（An Essay on the Origin of Free—Masonry）。历史上可能是共济会成员的知名人物还包括塞缪尔·亚当斯、帕特里克·亨利、弗朗西斯·斯科特·基（Francis Scott Key）、约翰·汉考克（John Hancock）、保罗·列维尔（Paul Revere）、埃尔布里奇·格里（Elbridge Gerry）、约西亚·巴特利特（Josiah Bartlett）和乔治·克林顿，甚至是乔治·华盛顿。事实上，在弗吉尼亚州的亚历山德里亚市拥有一座乔治·华盛顿共济会国家纪念馆。

这也许能够解释五角大楼的形状、自由钟的符号象征、自

由女神像、美国之鹰及美元纸币背面金字塔背后的含义。

但大部分签署《独立宣言》和《美国宪法》的人并非共济会成员，且与共济会无任何关系。这表明共济会并非与所有指控阴谋有关，这些阴谋包括指控共济会是秘密建立新世界秩序的光照派，准备接管世界并建立外星统治的爬虫军以及统治美国各领域的关键权力人物。

事实上，广阔土地上的很多建筑和象征主义还具有别的起源，如可能来源于古希腊、古罗马和埃及的神与信仰，或者毫无疑问是以基督教为基础。但可笑的是，即使是异教徒也以女人的形象出现，并欢迎所有人进入新世界。来自法国的礼物自由女神像，根据她王冠上散发出的七道光芒可以明显看出她是异教徒女神的代表。

美元纸币上的金字塔看起来非常像胡夫金字塔。所有事物现在、曾经或将来并非都是共济会的大阴谋。

当我们的祖先想要传递重要知识，尤其是神秘知识时，他们并不总是需要寻求秘密社团或者教会的帮助。事实上，有时他们会使用表面上看似非常微不足道的东西或者像复写本一样将知识嵌入已存在的知识中，希望以此避开其他人的注意。

隐藏的图像和密码

编写只有收件人和发件人可看到的隐藏信息的实际艺术被称为"隐写术"，虽然它主要侧重于隐写或密写，而非现代技术

第六章 隐藏的智慧，不为人知的真理

中的可视化加密信息，但它在某种意义上也能将信息"隐藏在众目睽睽之下"。这种艺术形式最早可以追溯到公元前440年，当时的人们将即将到来的攻击的警告进行编码并写在木制蜡板的背面，然后将其表面封蜡。

历史上，我们已经掌握了各种隐藏信息和密码的方法，如使用密写墨水，利用不同的字体创造出图案信息，信封上邮票的微小代码，美国战俘耶利米·登顿（Jeremiah Denton）甚至通过眨眼发送莫尔斯电码，他在1966年的新闻发布会上成功拼写出"折磨"，并确认了美方士兵在北越南受尽折磨。

最受关注同时也最受争议的信息隐藏系统之一据说就藏在《圣经》之中。

圣经密码

13世纪的犹太学者巴希亚·本·阿瑟可能是第一个发现在《圣经·旧约》前五卷中存在一种叫作等距字母序列的加密方式的人，这个观点随后被其他犹太学者确认，并于1997年被美国记者迈克尔·卓思宁（Michael Drosnin）写入了一本名叫《圣经密码》（The Bible Code）的畅销书中。"等距字母序列"于1994年由多伦·魏茨腾（Doron Witztum）、埃利亚胡·利普斯（Eliyahu Rips）、西万·罗森博格（Yoav Rosbenberg）三人首次公开。当时他们已对《创世记》中的等距字母序列进行了研究。

我们所说的圣经密码指处于相等间隔距离可创造出具有启示性和预言性新词或者短语的字母形式。在《新约》和《旧约》中发现，这种所谓的密码还可同时作为"等距字母序列阵列"出现，在网格的每一行写下相同数量的字母，再将其切成矩形形状。你必须选择一个特定起点和一个跳跃数，然后按照跳跃数将所有相同间隔的字母挑选出来。这样，你就可以开始编辑单词，选择每个第五个字母创造编码信息。

有时，通过等距字母序列挑出的字母所组成的句子具有预示性，说明该模式得出结果不太可能纯属巧合。等距字母序列越长，越有可能是一个正在使用的实际模式或编码系统。

虽然卓思宁通过他的两本书向大众推广了"圣经密码"这个概念，他的第二本书为[《圣经密码Ⅱ：倒计时》(*Bible Code Ⅱ: The Countdown*)，发行于 2002 年]，但很多批判研究和反对实验证明等距字母序列适用于任何书籍，如《白鲸记》(*Moby Dick*)《战争与和平》等，最终都会出现某种模式，这使《圣经》信息看起来纯属巧合，而并非数千年前《圣经》的作者煞费苦心按照字母某种顺序写入书中的神圣代码。有人指出不考虑卓思宁所给出的段落和短语示例，等距字母序列所编译出的代码毫无意义。一群数学家和统计学家甚至签署声明宣称他们不相信圣经密码具有意义，通过验证所有可用证据，他们发现圣经密码并不具有说服力。

无论如何，依然有人相信圣经密码暗示出关于刺杀、恐怖主义、彗星和流星，甚至是世界末日等警告信息。或者，这仅

第六章 隐藏的智慧，不为人知的真理

仅又是一个目之所及、心之所向的示例。

塔罗牌

塔罗牌是另一种神秘主义者声称能够在宗教权威的监视下传递信息的方法。原始塔罗牌起源于15世纪中期意大利的"塔基尼"（tarocchini）游戏或者法国的"塔拉"（tarau）游戏。直到18世纪后期这些纸牌才被用于占卜，通过图片中所嵌入的符号向那些懂得如何解读它们的人传递信息。

原始塔罗牌由78张纸牌组成，包含四套从A到10的数字牌，每套中还包含4张花牌。此外，还有20张王牌和一张愚者牌，很像我们现在的小丑牌。术士现在将那些王牌称为"大阿卡纳牌"，将同花色套牌称为"小阿卡纳牌"。虽然无任何有效证据能够说明这些纸牌在18世纪之前除了娱乐之外还具有何种用途，但有些塔罗师仍坚持认为塔罗牌的历史更久远并承载着远古知识。

最古老的花牌可追溯至1420年左右，最初是指画有希腊众神的16张花牌，而同花色套牌上画有鸟类并非我们现在所熟知的图案。图案通常包括天体、动物、诗歌、神灵和英雄，上层阶级经常利用手绘纸牌描绘和歌颂家庭成员。更神秘的象征主义始于这些纸牌用于占卜之后的16世纪中期，部分原因可能在于《弗朗西斯科·马科利诺·大·弗利的神谕》（The Oracles of Francesco Marcolino da Forli）一书，书中描绘了一种简单的、预言式的纸牌解读方法。

有一位名叫安东尼·考特·葛贝林（Antoine Court de Gebelin）的瑞士牧师，用马赛塔罗牌详细描绘了伊西斯/透特的神秘故事。但直到大约1781年之前，塔罗牌都不具有太多神秘含义。1781年之后，塔罗牌与神秘主义有了更多关联，这可能是因为《原始的世界》（*Le Monde Primitif*）的出版。从那之后，塔罗牌被有意设计出特别主题，如广受欢迎的伟特塔罗牌，由神秘学者阿瑟·爱德华·伟特（Arthur Edward Waite）于1901年所创造，每幅画都采用了神秘的象征主义，但不幸的是，后续版本对这些画作进行了改编和修饰，并不再反映伟特的真实意图。

即使是旧马赛塔罗牌的图案也可以用于占卜，但问题是对于图像和符号的个人解读。例如，愚者牌和死神牌常被认为包含负面含义，但事实上它们可能表示除负面含义外的任何事情。死神牌表示转变，而愚者牌则表示选择和决定。重点研究炼金术哲学和教义的塔罗牌明显被称为"炼金术塔罗牌"，这种纸牌采用了金色黎明协会仪式和教义相关的重要符号，同时，也涉及荣格的象征主义原型和精神领域。

问题始终在于审视塔罗牌并试图根据图像和符号对其进行解读的人，这些符号和图像背后也许根本没有任何实质内容。更有可能，这些纸牌仅仅是游戏，后来融入了一些不适合在公共论坛发表的观点。但塔罗牌仍非信息传输系统，而更多的是用于取乐甚至是占卜的游戏，可能只是占卜师和占卜对象之间

第六章 隐藏的智慧，不为人知的真理

的互动。

知识一去不复返？

虽然不想以悲伤语气结尾，但谈到隐藏信息时，有太多信息再也无法出现在我们求知的内心和眼前了，并非因为它们以某种我们不能理解的形式存在，而是因为它们已经遗失了，不存在了，再也无法重新获取。

当我们试图想象哪些知识可能在古代就被永远摧毁时，当亚历山大皇家图书馆的一部分被烧毁时，这令人心碎并且难以置信。这座世界最大的图书馆历经四次劫难，从公元前48年亚历山大战争的战火，到642年的穆斯林征服战役。即使图书馆的主要部分和我们的大部分过去都已被销毁，但学者们在塞拉比尤姆寺庙内建造了一个小型图书馆，然而它在391年的战火中也被摧毁。

时至今日，我们无法知道那些宗教经典、智慧著作和经文、艺术和工艺品对世界知识收集的贡献程度。假设图书馆仅是一栋更大的建筑物的组成部分，这栋建筑物包含了天文学、解剖学、生物学和动物学的博物馆与研究中心以及物理、数学、医药和地理实验，很难想象我们到底失去了多少知识。虽然，博物馆还有一部分得以幸存，但罗马哲学家塞内卡（Seneca）认为有超过40 000本书和图书馆一起被烧毁，但关于真实的受损程度至今仍存在争论。

不过，并非所有宗教经典或神圣经文、知识体系或者智慧教义、神秘传统或深奥的学习系统都已经丢失，现在我们仍在努力分辨流传下来的知识中哪些真正源自古代，哪些是时间流逝中的"补充内容"。而且，罗马教廷可能会对公众开放其海量文件、艺术品、文集和信息，虽然这一天可能在遥远的未来。现在我们只能对深藏在地下室和机密档案中的秘密进行想象。据说，这些地方包含 52 英里的书架和 35 000 多卷的分类文集，更不用提尚未编入索引的资料，所有这些我们都无权阅览（一些在通过严格的筛选程序之后的合格学者能够阅览部分内容）。现代小说和电影讲述了最高秩序能带来世界性改变的神秘事物。这些事物是博弈改变者，也是改变塑造者。

就在编写本书时，埃及的文化古迹正因为当地的政治和宗教起义而受到摧残，这是一种耻辱，因为现在的怒火正在烧尽前人留下的知识。因此，我们只能通过搜集整理那些残存下来的信息，去了解我们的祖先想让我们了解的事情。

VIRAL MYTHOLOGY

第七章

外部来源：远古外星人、不可见区域及其他外界信息来源外星人来啦!

——乔治·楚卡洛斯(Giorgio Tsouukalos)
在历史频道热播剧《远古外星人》中说道

根据 StatisticsBrain.com 网站在 2011 年的数据显示,在美国,超过 2 273 000 个的职位外包给了其他国家(2012 年的数据无法获取)。调查发现,35% 的首席财政官表示,他们会将职位外包,其中,24% 喜欢中国,18% 倾向于印度。

目前存在着很多关于职位的讨论和信息。例如,银行和医疗记录行业,此类行业可以被外包给海外市场,在那儿,工作完成得更快速、成本更低、更轻松。大部分的首席财政官将缩减支出视为首要目标,其中,38% 会去国外寻求研究和发展,49% 通过职位外包来获取在国内无法获得的信息技术、经营理念和创新能力。

也有一部分人认为,在很久以前,我们就开始从朋友那里

第七章 外部来源：远古外星人、不可见区域及其他外界信息来源

获得了一些外界帮助，这些朋友在知识、科学和技术上领先于我们。只不过，这些朋友不在别的国家，而是在别的星球。

远古宇航员和外星人

远古宇航员/外星人学说是一种非常简单的学说：过去外星人曾经来过地球，他们改变、调整并推进了我们十分有限的文明。尽管这个理论在学术界并不被认可，但它能够娱悦大众，它也成了我们这个时代的普遍观点。这个观点扩散给了数以百万的观众，部分原因是历史频道热播的电视剧《远古外星人》。

先来说说它的"病毒式"传播。

是啊，我们过去看过莱奥纳德·尼莫（Leonard Nimoy）配音的《寻找》（*In Search of*），但是历史频道通过节目改版获得了大量的观众，他们召集了各类作家、研究人员，甚至一些质疑者，共同探讨人类的进步归功于外太空的可能性。

很多其他的作家已发表过不少关于远古外星人的著作，但我们现在还没有撰写过相关书籍。我们也的确很想验证，这种学说是否有可能成为信息传递的方式。能够拿出有效证据吗？说得通吗？我们能证明吗？可能可以，也可能不行。

根据这种学说，古代宗教的众神和女神可能就是外星人，但受限于人们当时的知识水平，他们被形容为神（尽管为什么相信外星人比相信神更"高端"，这并没有得到充分的解释）。

当时的人们并不知道宇宙有多大，或者存在多少适合居住的星球。当然，这是在否定想象的力量。所以，我们要在这里停一下，考虑我们的古老先人是否像我们如今写小说、拍电视剧和电影那样，在他们的脑海中构思过科幻小说。

还是让我们回归这个学说吧。

或许我们就是外星人的后代？然而，本书希望专注于知识和信息的传递。我们拥有外星人的 DNA，或者我们就是被外星人创造出来的，这一想法会完全改变我们看待自己能力的方式。一些相信远古宇航员／外星人的人认为，外星人改变了进化论的进程，或者他们对人类进行了基因改造。这样，进化论的空白就能解释通了。现在暂时，让我们相信人类完完全全就是人类吧。奥卡姆剃刀定律，你了解吗？

远古宇航员理论家认为，在我们不断前进的文明中出现巨大的进步，可能是因为外界的帮助。这些帮助来自地球之外更高级的文明。因此，一定是外星人来到了地球，启发了人类的智慧，并且在离开地球返回自己的星球前，留下了一些与空间和时间不吻合的物体。正如我们之前的章节所讨论的那样，这些遗迹中包含了他们到访地球后留下的传说和故事。

一些支持者提到，在《圣经》故事里，巨人就生活在人类当中。在《创世记》中，相传上帝的儿子与人类女性交配后，生出拿非利人，还提到了像《旧约》中伊其基尔所看到的在空中飞行的战车，以及像印度的维摩那的物体，或者听起来非常像外星人及其飞行器的空中飞车。同时，他们还指出了贯穿于

第七章 外部来源：远古外星人、不可见区域及其他外界信息来源

各种古老文化中的符号和图案，包括戴头盔的人、长着翅膀的生物，以及在他们身后喷火的飞船状物体。

这是证据吗？

尽管这一切都可以被称为远古外星人来过地球的证据，也可以被称为"古接触"，但对于那些以学习、研究和创作这些内容谋生的人而言，这最多只能被称为旁证，并不是确凿的证据。就像其他关于外星人的理念一样，远古宇航员／外星人学说的关键理念并不是全新的。成为严肃正经的研究课题前，人们在19世纪后期的科幻小说中能够找到他们的源头。

我们在这里讨论的不是不明飞行物，也不是第一类、第二类、第三类或其他类型的近距离接触。我们想要了解的是，是否存在任何有效的证据来证明，人类不可能使信息的传递产生飞越，更不用提信息的质量了。目前已经出现了数十本关于远古宇航员／外星人理论的书籍，大部分持支持的态度，也有一部分是保持中立，少部分保持怀疑。质疑者多少有些保持沉默。几个严肃的科学家指出了这个理论在几个关键点上的不连贯性，一些人则通过基督教相关视频、博客和文章，从自己受限的信仰体系视角来看待这个理论。还有一个揭秘网站，并没有做任何事情去反驳整个理论，而是成功地反驳了其中某些言论，比如，一个显然是头戴动物头饰的石像，在展览中被说成了外星宇航员的头盔。同时，这个网站也没有给出其他解释，让这个

说法听起来有道理。

还有一条关于揭秘的"证据"是，纳斯卡线条不可能像一些古代外星人支持者说的那样是外星人跑道，因为它的表面是由沙子构成的浅沟壑，人们将颜色较深的鹅卵石移走，从而形成图案。即使是最好的飞行员，也会被那些凌乱的线条搞得晕头转向。确实如此，任何想"降落"在这些沟壑上的飞行器，毫无疑问都是自我毁灭。但它们也没法解释，为什么一开始大地上会出现这样的景观。纳斯卡线条很可能仅仅是小鸟或其他生灵在向天神致敬，就像我们建造教堂和圣地一样。这些线条不是外星人存在的证据，但他们也不是"外星人不存在"的证据。我们永远不可能真正了解这些神秘的线条，因为我们不能直接去问将这些线条放置在这里的人。所以，不管我们支持哪一边，不能真正地了解真相才是我们唯一不得不坚持的真相。

有些反对者确实指出了支持者对理论解读的缺陷，成功识别出那些对《圣经》、圣图和符号的误解所引出的具有欺骗性和虚假的论述，并随即附上了供选择的可能解释。但是，很多反对者并没有考古学、人类学、历史、神话或比较宗教学背景，他们的目的一般要么在于对支持某观点的人进行人身攻击，抨击电视节目，要么完全就像他们所反对的人那样，做出了一个巨大的设想，希望我们信任和支持他们，而他们并没有找到任何证据来支撑自己的观点。因此，我们希望读者能够正确地去认识反对者的观点，正如之前我们希望读者在阅读这类主题的书籍时，能正确辨别一样。虽然我们同意反对者所说的，不能

第七章 外部来源：远古外星人、不可见区域及其他外界信息来源

将所有未解之谜都归因于外星人，但我们确实也不能否认，有些或许真的可以。

不幸的是，如果那些权威且真实可信的学者和科学家不提供所有问题的答案，人们就一直会对这些问题争论不休，不管任何一方看上去多有缺陷。

所以，我们中的大部分人又一次被信息碎片所困扰，然而这些信息又会因其源头的动机和目的被解释成不同的含义。

电视剧为该理论塑造了各种各样的支持者，这其中包括留着夸张头发的制片人乔治·A. 楚卡洛斯。因为电视节目的成功，他已经成了一种文化模因。与此同时，他也将更多的通话时间留给信任自己的人，而不是那些质疑该学说的人。尽管如此，我们还是必须记住，这是一个电视节目，你正在读的这本书的作者非常清楚地了解，你可能接受了几个小时的采访，但只有你讨论的某一小部分在节目上播出。电视节目很少告诉你全部的故事，在电视节目中播出的内容，更多是为了娱乐，而不是以教育为目的。但是，很多反对者希望我们相信，这是否意味着电视上的任何人都是骗子呢？不，完全不是。电视节目中的很多嘉宾，都是真正的科学家、作家和学者。他们做了大量的研究，内容涉及考古学、古天文学、地质学、人类学、历史以及其他领域，致力于弄清楚信息和知识在历史时间轴中是如何发展的。在一些远离电视镜头的地方，我们作者清楚地听到其中一些嘉宾在学术会议上展示出了支持他们论断的有力证据，并公开声明，他们还未找出全部的答案。

这是否意味着我们作者相信这个学说呢？是，也不是。我们的工作是，用尽可能开放的思想去审视各种各样的可能性。同时，像这本书前几章所说的那样，要从更大层面上去理解信息是如何传递给我们的，就好像在撰写"科幻小说"一样。

可悲的是，现在出现了太多负面的演说。真正诚实和坦率的对话几乎是不可能存在的。像政治一样，一旦人们选择了一边，就很难让他们回到中间。事实上，我们强烈建议，读者能够充分了解双方的资料，然后再作出自己的决定。浪费脑力是一件可怕的事情。

主要的理论成员

这个理论本身是建立在很多名人撰写的书籍的基础上。比如，1968年的畅销书《神之战车》(*Chariots of the Gods*)的作者埃里希·冯·丹尼肯（Erich von Daniken），他的书具有很大的争议性，在出版后引发了众多"后遗症"，并引起了众多辩论，尤其是它在内容方面冒犯了宗教。科学家和学者几乎都不认可这本书，但冯·丹尼肯通过持续不断地撰写和演讲关于他和其他人一起追寻的两大类主要证据，获得了越来越多的读者。这两大类主要证据指的是，在《圣经》和古代艺术品中发现的线索，像金字塔一样的建筑物，以及与空间和时间不吻合的神秘物体，这些暗示着人类曾经和天外来客有过联系。

冯·丹尼肯常被称作远古宇航员/外星人学说的鼻祖，但

第七章 外部来源：远古外星人、不可见区域及其他外界信息来源

许多其他人也参与了该学说的探讨，其中包括哈罗德·T. 威尔金斯（Harold T. Wilkins），他在20世纪写过关于飞碟、时空之谜、神秘城市和南美洲远古之谜的书籍。从19世纪70年代到20世纪30年代，美国研究员查尔斯·福特（Charles Fort）一直从事异常现象研究，单词"forteana"就是专门为他创造的。在1919年撰写《超自然事件簿》（The Book of the Damned）之前，他还写过一本关于火星人控制地球事件的书，该书从未发表。《超自然事件簿》主要讲述了一些无法解释的数据和科学不能解释的超自然现象。罗伯特·坦普尔（Robert Temple）在1976年撰写了一本名叫《天狼星之谜》（The Sirius Mystery）的书，这本书引发了外界对西非多贡部落和极其惊人的宇宙知识的巨大兴趣。坦普尔声称，这可以与古埃及和苏美尔人的信仰相提并论。撒迦利亚·西琴（Zecharia Sitchin）是一位出生于阿塞拜疆的美国作家，如他的网站所介绍的一样，他是少数获准阅读和翻译古代苏美尔人和阿卡德人黏土片的学者之一。他的著作和研究集中于古代苏美尔文明，以及它与阿努纳奇人的联系。阿努纳奇人是居住在海王星轨道之外尼布鲁行星上的种族，他们在400 000年前来到地球寻找黄金，并曾尝试创造矿工来协助他们，结果他们创造了人类，包括"阿达帕"（Adapa），他相当于《创世记》中的亚当。西琴的工作还包括一个名为《地球编年史》（The Earth Chronicles）的系列，它以《第12行星》（12th Planet）为起点，讲述了尼布鲁行星的故事，并在2007年以《末日：审判日和预言的回归》（The End of Days:

Armageddon and Prophecies）作为终结。同时，他还撰写了许多其他书籍，包括2010年去世前完成的最后一部著作《地球上曾经出现的巨人们——神、半神和人类祖先：外星人DNA的证据》(There Were Giants Upon the Earth: Gods, Demigods, and Human Ancestry）。他的出版商Bear & Company出版公司还将出版一部小说，据说是西琴去世前秘密创作的。这部小说名为《拒绝死亡的国王：阿努纳奇人和对永生的追求》(The Anunnaki and the Search for Immortality）。据说，这本书是根据他的真实研究而创作的寓言。

在此推荐的所有书籍和参考资料中，有一本较新的书我们认为非常客观，值得一读。它就是由作家和学者菲利普·科彭斯（Philip Coppens）撰写的《远古外星人的问题：对远古访客的存在、证据和影响的新的探索》(The Ancient Alien Question: A New Inquiry Into the Existence, Evidence, and Influence of Ancient Visitors）。科彭斯已经逝世，但他留下的工作成果，对我们了解和认识失落的文明及远古知识具有很强的指导意义。还有一本新书由哈维安特·黑兹（Xaviant Haze）撰写，介绍了关于外星问题的最新、最前沿的信息，这本书名叫《在古埃及的外星人：与蛇的兄弟关系和尼罗河文明的秘密》(Aliens in Ancient Egypt: The Brotherhood of the Serpent and the Secrets of the Nile Civilization）。我们强烈推荐阅读较老的书、较新的书，以及介于两者之间所有的书，其中包括由新页书籍整理合订的关于失落文明的论文和文章合集，合集名叫《失落文明和过去的秘密》

第七章 外部来源：远古外星人、不可见区域及其他外界信息来源

(*Lost Civilizations and Secrets of the Past*)，它包含了各种各样的见解，因为这是一个涵盖了各种学术、科学和宗教领域的巨大疑团。

还有很多人针对远古宇航员/外星人发表文章，进行演说，我们不想轻视他们，但我们也不想再将关注点集中于这个理论本身，它已被剖析得够彻底了。大部分的研究主题都来自古埃及，因为古埃及在科学、物理学、医药学、天文学和艺术上的巨大进步好像发生在一夜之间，就好像什么人到来并辅佐了他们一样。在正统埃及学者和其他支持外星人学说的人之间，似乎存在一道裂痕：这一切都是由谁建造的？他们是如何建造的呢？为什么要建造这些事物？

在支持者中，很多人都提到了吉萨的金字塔、复活节岛上的石像、巨石阵、埃夫伯里石阵以及许多其他大型建筑和遗迹、一些极其古老而复杂的建筑，如玻利维亚提瓦纳库附近的普玛盘古、土耳其境内的哥贝克力石阵，或者外星小孩骷髅，以及所谓的非人类DNA、阿拜多斯直升机，这些都被人们认为是外星人干预的证据（所有的这些课题，我们都强烈建议你去调查一下）。无论支持者，还是反对派。所有的这些建筑和遗迹都无法合理解释，甚至挑战了我们对人类文明延续真实时间的假设。但它们真的是外星人为这些建筑提供咨询和帮助的证据吗？不一定。很多人认为，我们不可能抬起那些建造金字塔的巨石，也不可能移动那些构成巨石阵遗迹的巨大石块，或者切割出那些最精细的、和纸片一样薄的、完美的寺庙或者神殿地

基板。然而，为什么我们无法做到呢？

其他观点

实验证明，可以使用声波来提升小物件，这样包括声悬浮在内的新理论通过科学的研究和实验变得更为可信。已经存在的理论，包括升降机和滑轮，以及纯体力劳动，看起来也可以抬起同样的质量（双关）。然而，我们太容易被简单的解释所吸引，因此我们认为，是具有先进科学技术的外星人从天而降，帮助我们建造了金字塔。但是，我们似乎还未发现那些科技的证据。它是因为我们祖先的离世而失传了吗，还是被写进了传奇、神话或宗教书籍中？那么，机器的图纸在哪里？关于如何将一块石头切割到某一精确度量的详细说明手册在哪里？

圣经学者可能会提到，《旧约》中包含了所罗门神庙的建筑细节，而考古学家会提到，金字塔内深藏着小到只有外星人才能通过的通道和隧道。（为什么不是侏儒或儿童呢？）我们得到了一些线索：天神为人类降下旨意，让人类去建造船只、飞行器、神庙、纪念碑。如果我们能够正确破译这些信息，它们都将成为拼凑出我们过去的宝贵线索。

即使到那个时候，仍然会有非常多的问题，因为，如果没有真正的密钥，有些代码是永远不可能被破解的。

我们再一次转向研究这么一个问题。在人类沿着进化道路向更高级的知识、意识和创新进化时，是否需要外星人的干预。

第七章 外部来源：远古外星人、不可见区域及其他外界信息来源

尽管很多人已经引用了旁证。走出过去，想想现在，这样才能以一个更好的角度去看待这些事情。

我们祖先的一个劣势是他们没有电脑、手机。不仅没有办法将大量信息记录下来，也无法将它们传递下去。毫无疑问，未来我们的子孙将会非常感激我们记录下的大量事实和事件，这些信息能够在未来某一天帮助他们破译和学习。然而，如果那个时候他们已经进化得太多，以至于就算我们留下了所有文件和证据，他们依然无法理解。这个简单的解释能否说明现在我们无法真正破译古代的符号、艺术、图像、故事、歌曲和神话的原因呢？

有人说，一定是外星人或是别的物种，帮助我们实现了那些我们还不具备的技术飞跃。但是，看看今天技术的水平吧，在过去100年，我们见证了惊人的进步。100年前，我们还需要借助火光来看书，现在已经可以在飞机上使用电子阅读器了。100年前，我们没有电视，没有飞行器，没有电脑，没有手机。然而，一眨眼的工夫，所有的这些都出现在我们眼前，包括摇滚明星的图影、使用声波治疗疾病、量子计算机，人们还想在火星上开7—11连锁超市。

实现那些飞跃需要卓越的创新能力和强大的想象力。亨利·福特、史蒂夫·乔布斯、比尔·盖茨、尼古拉·泰斯拉、本杰明·富兰克林、亚历山大·格雷厄姆·贝尔、玛丽·居里、托马斯·爱迪生、史蒂夫·沃兹尼亚克以及发明了 Pop Tarts 牌饼干的人，他们都是具有远见的人，能够跳出常规模式思考。

因为他们，我们实现了飞跃。

当然，除非你相信他们全都是外星人！

一夜成名

那些相同的飞跃，有很大的可能同样发生在数千年之前，但如此短时间的爆发，用我们现代人的眼光来看，就好像是发生在一夜之间。我们常把名人、运动员、作家等看作是一夜成名。对于公众而言，哈利·波特帝国的作者 J.K. 罗琳的成功，就好像发生在电光火石之间一般。然而，要知道罗琳是经过多年才取得了巨大的突破。我们并没有看到她先前的努力工作，因为这并没有出现在公众的显微镜之下。我们的祖先也许确实取得了巨大的进步。在我们眼里，就好比一夜成名，但也许这需要数十年，甚至几个世纪才能做到。当到达临界点时，它们来得非常快，但向临界点前进的过程，则需要持续很长一段时间。当我们做出一个能够影响生活各个方面的改变、选择或者发现时，想一下，即使只有一年，想想自己的生活能发生多么巨大的变化。

底线在于：我们会相信什么，是外星人的干预，还是世上真的存在一个获取所有信息的渠道，是完全自然的人类创新，纯粹的想象力，又或者是一个叫作"乔"的巨魔，在数千年的某天带来了一幅未来的蓝图？没有任何一个人能够真正知道事实是怎样的，原因有且只有一个：我们不在现场。截至目前，

第七章 外部来源：远古外星人、不可见区域及其他外界信息来源

我们还未发现，世间存活着一位足够年长的接线员，能够让我们打电话去询问："您好，我想咨询一些事情。"

我们讨厌这种说法，只有时间能说明一切。但在某个遗迹被发掘出来后，在某段经书被发现之后，这些事物能够提供足够的细节，并且有足够多的证据去支撑，也许真的只是时间迟早的问题。也许只有这样，才能告诉大家，我们是如何从那里到达这里的。

古代人有可能想出其他方法，让他们获得不存在于自己那个时代的信息和想法吗？或者让他们获取不属于他们本土文化中的信息和想法？

集体资料库

瑞士心理学家卡尔·荣格撰写了大量关于集体潜意识的书籍。集体潜意识指的是作为一个共同人类整体的那部分人类思想，它不同于我们的个人意识。这种集体意识包括记忆，以及代表了人类基本经验的通用图像、符号、梦境、想法的原型，这些事物能够被所有文化了解。集体潜意识又被称作各类信息的"万能倾销地"或者"资料库"，无论在过去、现在，还是未来。这些都是基于荣格对精神分裂症患者的观察和工作成果所得到的结果。集体潜意识中的信息是在我们出生时所得到的。我们不必去学习它，它与生俱来，并且固定存在于大脑之中。

荣格在《心理结构》(*The Structure of the Psyche*) 一书中

这样写道:"截至目前,据我们所知,集体潜意识似乎是由神话主题或原始图像所组成,因此,各个国家的神话都是其真实的历史。事实上,整个神话可被视为集体潜意识的一种投射。因此,我们可以从两方面来研究:从神话学角度,或者个体分析。"

然而,这个集体资料库可能同样是我们远古祖先寻求灵感的仓库,我们从自己的内心和意识中去搜索这个领域的信息,这部分信息是我们自己从未直接感受过的经验。

正如之前我们所写的那样,故事和图案中的原型不仅仅存在于神话中,同样也出现在宗教著作中。它们同时在我们的人格和行为中起到了巨大的作用。荣格相信集体潜意识及其原型,掌控着所有人类都能够接触到的卓越智慧,这种智慧远远超越我们日常的意识体验。他同时认为,这种同步性是深埋于集体潜意识中,它的影响表现在意识领域。

被人们认为是外星人在向地球人传递智慧、知识和信息的情景,也许就是在《圣经》和其他文献中所记载的幻想和遭遇,只不过它被形容为天使,或者其他的实体通过集体潜意识来告知大众,梦中所出现的原型成了智慧和思想的礼物。神和长着翅膀的生物,可能就是荣格理念中用于吸引我们的象征性存在,而它们存在更深层次,以至于我们不能完全理解。金字塔、巨石阵和其他遗迹的蓝图,可能是通过集体意识进行传递:从大资料库和通用信息领域,传递给那些迫切希望并已做好准备接收这些信息的人。

第七章 外部来源：远古外星人、不可见区域及其他外界信息来源

也许这就是思想、故事和创新在当今社会的传递方式。很多作家都已证明，这只是传递的渠道，而不是真正的起点。即使在今天，尤其是在娱乐业，我们都知道的某一观点，好像在同一时间突然出现在各个角落，就好像突然有20位不同作家想写一个故事：一位叫路易的食人族族民，居住在远离格陵兰岛海岸的小岛上。我们想说，这也许纯属巧合，或者可能是缺乏原创性的山寨作品。但如果所有曾经存在的信息都被囊括在某个领域之内，比如这个信息资料库，那么，即使相隔千里，两个不同的文明在同一瞬间突然产生了同样的想法，不也是可能的吗？

莱尔德·斯克兰顿（Laird Scranton）是《多汞人的科学：揭秘非洲神秘传统》（*The Science of the Dogon: Decoding The African Mystery Tradition*）一书的作者，同时，他也是西非多汞及其宇宙学权威人物之一。多汞人的宇宙学包含了许多惊人的符号以及与现代最高端科技相似的理念。我们和莱尔德一起探讨，当地的部落是从哪里得到这些先进知识的。

在关于多汞人的研究中，您发现了多汞人的世界观和宇宙学与当今最先进的科学存在惊人的共性。您认为他们是如何获取这些知识的？

莱尔德说："多汞祭司认为，他们的知识系统是在很古老的时候传递给他们的，就好像是博学的老师进行的开化。多汞宇宙学的传统和与佛塔相关的宇宙学非常相似。然而，佛教信徒将他们知识中最神圣的部分归功于'非人类来源'。"［见阿德里

安·斯诺德格拉斯（Adrian Snodgrass）的《佛塔的象征主义》（*The Symbolism of the Stupa*，第 3 页）]

在符号、肖像、艺术、建筑、神话和古老文化的起源中，我们往往能够看到相似性，然而他们不可能像现代社会的我们那样使用电脑和网络进行交流。那么您认为知识、智慧和信息是如何在古代进行疯狂扩散和传递的呢？

莱尔德说："如果我们能够追溯得足够遥远，一些学识渊博的老师拥有相似的观念，这些观念似乎处于很多古老文化的核心。基于这个现实，在我看来，知识是有意识地被分散到了不同的区域，就好像当今社会维和部队在不发达国家所做的那样。"

有证据显示，在书面语言出现之前的古代，宇宙学知识的代代相传是通过系统的、能够被记忆的符号、主题和仪式，这些都是荣格学说中典型的原型。我的研究表明，许多符号及其相关概念已被收录到早期的象形文字中。比如，整齐排列的佛塔圣地地基构成了日冕的形状，它最早是一根棍子，周围有一个圆圈。在埃及和中国的象形文字中，这均用于代表太阳。

为了支撑这些观点，我广泛查阅了公元前 3000 年不同文化间宇宙学重要符号和术语中的共同之处，研究了这些符号和概念如何成为书面语言。在这些文化中，早期书面语言里用于描述宇宙形状的符号在各地十分相似。例如，古埃及和古代中国均认为 10 天为一个星期。在这两种文化中，星期均采用意为 10 天的符号来表示。

一周 [⊙∩]：一天 [⊙]、十次 [∩]，或者"十天"（古埃及

第七章 外部来源：远古外星人、不可见区域及其他外界信息来源

以 10 天为一周）。

与意料中相反，系统的、能够被记住的早期符号似乎比之后的书面语言更有效地进行信息传递。将具有相似宇宙学传统的文化进行对比，那些没能形成系统文字的文化，比如多贡文明，却能够更好地将他们的传统保存下来。

莱尔德·斯克兰顿是一位来自纽约州奥尔巴尼的软件设计师，著有两本关于非洲和埃及宇宙学及语言的书。他重点研究比较宇宙学，包括经典神话、符号、神、宇宙观念、仪式以及古代和现代文明中的各种文字。他的研究重点是现代马里的多贡部落与古埃及和佛教宇宙学的相似之处。他最近的研究已延伸至西藏和中国的宇宙学和象形文字，将重点放在纳西族部落的祭司所创造的传统。他最近的计划是写一本关于古代中国宇宙学和语言的书。

领域和网格

科学指向了零点领域。这是一个充满了各种可能和无限信息的量子海洋，各种形式的物质和能量都从这里产生，并最终返回这里。我们在之前的书中已经对零点领域有了很广泛的描述，它甚至可以与宗教中所说的"天堂"相提并论。"天堂"被描述为包含了所有物体的运转，同时是无形的，又是无所不在的。能够联想到的类似术语有：阿卡西克记录、生命之书、第五元素之海、莫非克场，还有我们作者笔下的网格（the Grid）。

所有这些理论都包含了一个"巨大而宏伟的源头",正如物理学家哈尔·帕特霍夫(Hal Puthoff)所说的那样。林恩·麦克塔格特(Lynne McTaggart)在《域场:对宇宙中神秘力量的追寻》(*The Field: The Quest for the Secret Force of the Universe by Lynne McTaggart*)一书中认为,这个源头是构成万物的基础。该源头随后被乔治·卢卡斯(George Lucas)称作"原力",出现在他的电影《星球大战》中。这个源头是一个量子互相交叠的海洋,在那里所有物质都在等待着被赋予形式或结构,但在那之前,所有的物质均处于虚无的状态,在这种状态下它们具有成为任何物质的潜力,或者说具有各种可能性。因为宇宙的多维度特性,我们更喜欢将它视为是一个网格。当理论和量子物理学家谈及它时,通常称为"多元宇宙""平行宇宙""M—膜理论""互生维度"和"泡泡宇宙"。

从理论上而言,我们还存在于许多其他的世界中,经历着不同时间轴。

在此前的多本书中,我们已经探讨过自己的具体观点,以及正在进行中的关于现实的潜在基础建设理论。这也许可以被视为一个三维的网格,包含了所有事物的过去、现在和将来,包括了不同等级的现实。这些现实可能是我们在遇到一些神秘的、宗教的或超自然的现象时真正体会到的。正如零点领域、阿卡西克、天堂一样,这个网格是无形的。但同时又如同无形的重力一样,我们随处可以看到它们的效果和影响。我们只是不知道原因,至少在我们意识的现实中是不知道的。集体潜意

第七章 外部来源：远古外星人、不可见区域及其他外界信息来源

识在网格中操控着这些信息。当我们拥有一种直觉、灵感、冲动或创造性的想法，甚至是找到了困扰我们问题的解决方案时，我们能够接触到网格。我们可以获取这个无限领域内的永恒智慧和信息。在这个充满各种潜力和可能性的海洋中，包含着所有的选择，甚至包括那些没有被我们采纳的。

再次强调，这个网格是不可见的，但我们可以从周围的事物中感受到它的影响。在我们个人生活的现实中、在集体现实以及所有其他的现实中，里里外外都能感受到。做梦的时候，我们可能从一个等级跳跃到另一等级，受到启发，用我们的直觉感受某些事，去创造事物，掌握许多其他的方式。我们的祖先可能也是以这样的方式来获取智慧和知识的。

因此，这个网格包含了各种想法和所有可能信息。再次声明，就像荣格所说的那样，它是智慧的永恒资料库，包含了成为树木或者猫、制造一辆车或金字塔、进行光合作用或者单细胞分裂所需要的所有物质。它也可以是一个人的想法——去建造巨大的建筑物，以供奉神明或法老。正如当今所有的创新者、制造者和发明家一样，他们做到了那些当时人们认为不可能做到的事情。正是他们、他或者她，创造出了那些美好的事物。

也许这些想法来自男性或女性的想象力。这是我们能提供的最简单的解释。那些想法通过旅行者之口来传递，或者穿越了一片又一片的区域，直到被整个大陆所接受。它们在书籍、歌曲和符号中扩散开来。我们会梦到一些想法，在梦中获得一些信息，而那些信息只有在潜意识层面上才能理解。有时候我

们梦想的事物成为现实，有时候我们会梦到一种解决方案、一个发明或一个故事情节。

我们认为，远古文明是复杂的，因为他们拥有科学或医学领域的先进知识，但我们也许忘记了，这些文明同时还会向天神祭祀大人和小孩，将见到的一切拟人化，更不用说那些奇怪的原始仪式和典礼了。这些都说明了一点，他们缺乏全方位的知识和理解。你可以绝顶聪明，但同时也愚蠢至极！今天，我们已经见证了那些人类中的翘楚想出登陆火星的办法，观测那里的环境；他们制造了比指尖还小的计算机，可以和光速一样快；他们建造了高耸入天际的摩天大楼；他们发明了连接各个城市的动车，以及各种各样的令人眼前一亮的创新。然而，我们还是会发动战争，自相残杀；依然会目中无人，做出种族主义、性别歧视、同性恋行为；虐待动物和儿童，破坏环境；掠夺、抢劫和强奸。我们认为，人类社会已十分先进了，但也许未来，我们的后代在回顾这段历史时，依然会将我们视为原始人。

所以，人类文明作为一个整体处于十分落后的时期，也可以在科学、建筑学、医学、艺术以及许多其他领域取得重大的飞跃。理解了这一点，我们再问一次：在取得飞跃性发展和获取知识的过程中，真的需要外星人吗？我们也许真能做到，或许仅仅需要足够的勇气，跳出常规范围去思考。那些关于戴着头盔的外星人，以及在天空飞翔的奇怪飞行器的故事和影像，是我们的祖先真的看到了，还是他们看到了自己无法理解的事物，并想尽力去描述？正确或错误地解读这些信息，责任不在

第七章 外部来源：远古外星人、不可见区域及其他外界信息来源

于他们，而在于我们？

或者这一切只是存在人类梦境和脑海深处的原型，而他们却将这些与想听的人分享？

大量的证据可以用于支持远古宇航员／外星人理论，但也有同样多的证据去反驳它。大量的证据可以用于支持域场／网格理论，同样也有证据可以反驳它。大量的证据可以用于支持远古人类的创造力、动力和野心，同样也有证据可以反驳它。

如果你问我们，唯一能够弄清事实真相的方法是不是发明一台时光机，回到数千年之前，用我们自己的眼睛去看。如果存在这种可能性，我们会写一本关于这方面的书。

是外星人，还是其他什么生物？来看看下面的三个艺术品吧。是远古外星人，还是别的物种呢？请翻到246页，看看它们是什么！

图 7-1 图片来自维基

图 7-2 图片来自理查德·克劳馥(Richard Croft)

图 7-3 图片来自德达洛·努尔(Dedalo Nur)

VIRAL MYTHOLOGY

第 八 章

我们生活的故事：当今社会的观点如何转化为未来"病毒式"传播的神话

你问我是否拥有一本笔记本,用来记录我的那些奇思妙想。我有,而且,只有过一本。

——阿尔伯特·爱因斯坦

那些相同想法的出现,并非只是偶尔一次或两次,而是已经无数次在这个世界上出现过了。

——亚里士多德

全国的公民,我不应该隐瞒国家面临局势的严重性,也不应该隐藏你们的政府对保护人民生命财产的关注……我们每个人都必须继续履行各自的义务,只有这样,国家才能团结一致、英勇战胜这个极具破坏性的对手,维护人类在这个世界上的最高权力……

——空中水星剧场《世界大战》1938年

10月30日星期天晚8点发生了一件事,让整个美国陷入

第八章 我们生活的故事:当今社会的观点如何转化为未来"病毒式"传播的神话

了恐慌,这一年是 1938 年。一则广播通过电波传递到全国,吓得听众都逃进了山中。当时奥森·威尔斯宣布,为了让听众娱乐一下,他将代表空中水星剧场为大家带来赫伯特·乔治·威尔斯的作品《世界大战》。而一些听众没有从头开始收听节目,因此没有听到这句话。在紧张的音乐伴奏和官方的新闻背景音效下,广播以严肃的口吻进行着。有些人稍晚一些才打开广播,威尔斯正好介绍完简介,开始讲述火星人入侵美国东海岸的故事——他们把这件事情当真了。

于是,疯狂的事情便接踵而来。

成千上万的人打电话给当地的广播电台、警察局和报社。在新英格兰地区,很多人带着自己的孩子,把能带上的食物塞满了他们的车,准备逃离这个区域。还有些人涌入当地的教堂祈祷,等待着即将到来的死亡。据报道,该事件还引发了心脏病、流产和早产等事件。恐慌四处蔓延开来,越来越多的人情绪失控,对火星人入侵这件事深信不疑。

其实火星人入侵是假的,这只是万圣节前夕为了娱乐大众的一个特别节目而已。消息一经传出,人们对此十分愤懑,威胁要控告这个节目。很多人把怒火发在奥森·威尔斯身上,指责他是造成这次恐慌的罪魁祸首。

然而事情真的就这样发生了,正如大多数时候发生的事情一样:人们得到了一小部分消息,在获取全部信息前,自己就做出了假设,接着相应地做出反应。

暴徒横行,人们乱作一团,街头发生暴乱,恐慌在人群中蔓延开来,乃至引起集体恐慌。

混乱时期,流行歌手阿黛尔也许曾吟唱过这样的歌词,"流言蜚语四处扩散……"

再看2013年,在整个互联网上,在"脸书"和"推特"等社交网站上,一个故事如野火般迅速扩散开来:据说真的出现了一位天使,身着牧师的圣衣,穿破稀薄的云雾,来到可怕的车祸现场。他在救援人员到达之前,为受难者祈福。随后,又如出现时那样消失得无影无踪。大家都陷入了困惑,这位神秘的牧师——也就是这位身份不明的天使到底是谁?事实上,"天使"这个词随处可见,甚至当人们深吸一口气,等待事情的真相浮出水面之前,就已经看到了。

现场确实来了一位真正的牧师。他不想因为自己的行为让大家大惊小怪。他是来自密苏里杰斐逊国家教区的牧师帕特里克·道林。他一心遵从上帝的旨意:他宽恕了受难者——19岁的凯蒂·兰茨的罪行。在为她施了涂油礼之后,牧师为营救人员让开一条路,以便他们工作,仅此而已。

就在几个月前,一则消息爆炸性地充斥着各大社交网站。整个国家似乎都在屏住呼吸等待,焦急地准备着,人们已处于一种疯狂状态,直至那一刻终于降临了。《龙卷鲨》在幻想频道首映。影片由塔拉·里德和伊恩·齐林主演,当然还有很多其他二线以下的明星参演。至少可以肯定的是,这部长达90分钟的电影非常糟糕,不过这并没有影响此影片。因为前来观看这部电影的影迷很多,所以续集的拍摄很快就敲定了(在第一部

第八章 我们生活的故事：当今社会的观点如何转化为未来"病毒式"传播的神话

中，龙卷鲨摧毁了洛杉矶。而续集则移至纽约。当心点哦，芝加哥，下次也许就轮到你了）。

然而，在这里，重要的确实不是电影本身。因为它确实拍得非常糟糕。在十大最糟糕电影作品评比中，它只能得到负10分。让人如此震惊的毫无疑问是它疯狂的炒作，在"推特"和"脸书"上像野火般快速传播开来，实现了任何一家市场营销公司想要实现的梦想——创下破纪录的海报销售量。有些观众表示，应该保留海报，以纪念世界重大事件，比如总统暗杀事件和恐怖袭击事件。既然人们对这部电影的新鲜感已逐渐消失，那么，《龙卷鲨》的续集是否还会产生同样的效应？这一点非常值得怀疑。

但为什么呢？为什么还会有那么多人卷入这场荒谬、装模作样的电影的疯狂传播中呢？

病毒式传播

就病毒式传播的想法而言，确实可能存在很多理由，为什么一些想法能逐渐实现，而一些想法连存在都十分困难。

马尔科姆·格拉德韦尔影响深远的著作《临界点》（详见第一章）把营销世界推向红红火火的状态。"影响者"是造成思想和创新传染性传播的重要因素。谈及它的重要性时，他或许提供了病毒式方程的一大部分。新书《一切显而易见：常识如何让我们犯错》出版于2012年，由哥伦比亚大学社会学教授邓肯·瓦茨所著。书中设想，有影响力的人根本不像信息的接受者、听众或者病毒式疯传的想法提供者那样有影响力，那么观众就必须对已经呈现出来的想法表示出热忱，或者抱有相同的看法，尤其是当信息出现在社交网站上时。同时，他认为，常识很难应用于这类场景。

瓦茨发现，即使影响者只是尺度的一端，他们确实应该对点燃火柴，形成并传播病毒式思想负责任，但人们紧接着发帖子、加标签、传播、分享和支持。其实，所有这些人的接受行为，才是导致信息如野火般疯狂传播的罪魁祸首。如果人们集体都不做出回应，那么，它就会碰壁，不再传播。所以，鉴于调查，虽然瓦茨承认，那些有着高度影响力的人更可能引发社会的流行趋势，而能形成或者摧毁这种流行的决定性因素，确实是信息的接受者。这些接受者越容易被影响，那么这种思想就传播得越广泛。通常，选材、时机以及想法和创新的主题对于想法的传播同样重要，某个想法可能会像病毒般疯传，但也可能因为主题不能广泛吸引人，或者激起大众热情，而在某处碰壁（或者对疯传的内容产生反感，引起疯传的内容并不总是积极正面的；只要去看看"脸书"上关于蜘蛛咬人的帖子，就知道是怎么回事了）。

那么，为什么有些内容能达到疯传的效果，其余的却销声匿迹呢？

答案可能就是内容的表达方式和说服力。假设你是一名真空吸尘器的销售员，努力地销售你的产品，挨家挨户进行推销，

第八章 我们生活的故事：当今社会的观点如何转化为未来"病毒式"传播的神话

告诉人们它所有的优点，和他们说，这个软管比旧款要好得多，而且比去年增添了两个新功能……如果幸运的话，你能卖出一两台。你的同事也挨家挨户去推销，不同的是，他（她）问他们的猫会不会在吃碗里的食物时把猫粮弄到地毯上，或者房子的女主人会不会把咖啡渣掉到地板上。然后告诉他们可以使用真空吸尘器来解决问题，这能够让顾客的生活更好一些。那么你的同事可能在一天之内能卖出 10 台真空吸尘器。

这两个销售员，一个通过常识来售卖；而另一个则主要依靠情感和个人影响。

受到感染

约拿·伯杰是宾夕法尼亚大学沃顿商学院市场营销系助理教授。他认为，可以通过特定的方法让某些观点、各种内容或各类信息得到疯狂传播，其中的奥秘就是让它们获得感染性。他与凯蒂·米尔克曼共同撰写了一篇调查报告，名为《是什么让网络上的信息发生病毒式疯传？》，伯杰在报告中提出了以下几点：

1.积极的内容比消极的内容更有病毒性。是的，即使是在如今"越血腥，越吸引眼球"的环境中，我们还是会倾向于将那些能让我们感觉积极乐观的事情进一步扩散。

2.激起激动情绪的内容比没有情感的内容更具疯传性。假若某些内容让你很强烈地体会到某些情感，无论是恐惧、愤怒、喜悦，那么你就越可能去回应、回帖、转发，如此反复。

3. 实用性的内容能够得到分享。如果人们需要的东西能使得某件事情变得更好、更简单、更便宜、更有趣或者效率更高，那么它便会更频繁地进行病毒性疯传。

因此，内容并不总是"王道"，除非它适合在更大的社交体系中进行分享。当然，我们的祖先彼此之间相互分享事物，并且穿越时空，跟我们分享那些对他们而言非常重要的东西，不论这些东西是因为他们发现是有用的，会激发他们的情感或者让他们更好受一点。或者，他们是受人劝说去传递某些观点或信息的，而这个人能够激情地将这些观点或信息表述出来，并且能够说出这些观点或信息如此重要的理由。

我们在传递某些信息时，可能会无视那些我们认为不重要的，或者不适合传播的信息。我们这么做，可能是因为我们的大脑。

最近一份神经科学的研究显示证明了为什么有些想法会进行病毒式疯传，其余那些却败落旁道。研究人员们不禁要问，到底是什么使一个想法，也就是信息，值得关注呢？《福布斯》杂志（2013年7月6日）刊登了一篇研究，标题为《大脑的疑问：为什么有些想法会发生病毒式疯传，而其余的却无路可走》。一组加利福尼亚大学洛杉矶分校的学生检查了大概20种某个潜在的电视节目的创意，同时，他们还连接着受抑的重复内反射脑成像机。研究人员要求这些学生想象自己是节目的实习生，评论这些想法，然后推销给电视台的制片人。另外一组

第八章 我们生活的故事：当今社会的观点如何转化为未来"病毒式"传播的神话

有更多学生，他们被要求假装自己是电视台制片人，跟第一组学生看同样的视频，评价哪种想法最好。

这个实验的目的是看出，推销效果好的实习生和说服不了"电视台制片人"认可这些想法的实习生，脑子里的差异在哪儿。大脑的扫描图确实显示，相比缺乏说服力和不热情的实习生，那些带着感情进行推销、更有说服力的实习生在选择合意的想法时，大脑颞顶联合区的活动更活跃。这个活动的差异被标记为"销售员效应"，也表明了，一旦"值得关注的"想法冲击大脑，一连串的"关注闹钟"就会响起来，告诉他/她这种特别的想法或信息值得传播给其他人。

"一旦发生了，"记者大卫·迪绍夫写道，"想法的接受者就变成了一个更好的传播者，因此增大了把想法传染给另一组大脑的可能性。可能这种方式不仅让信息病毒式疯传，也让在历史进程中经得起时间的考验，决定了哪些想法会流传百世，哪些会被抛弃和拒绝。如果我们祖先的大脑对某种画面、思想、创新或者发明特别感兴趣，那么它们就会在各类表达方式中最优先得到体现。它们会随着祖先的图腾柱一直流传至今，让我们这些在故事、歌曲、艺术、符号和结构中挖掘信息的人去揭开其中的奥秘。"

从古至今，唯一发生变化的是那些能够发生病毒式传播的机会在增多，在当今社会，借由发信息、邮件、社交网站、广播节目、动画电影、书籍杂志诸如此类的方法都可以做到。然而，有些想法留存下来的原因，往往有可能归因于那部分时间无法改变的人性。因此，只能让其自行消化。

一些视频能够在"脸书"或"YouTube"等网站上进行疯狂传播，还存在其他因素的影响。惊奇就是一个重要的因素。如果你能让人们对图片或者内容感到吃惊，他们往往会记得久一些，也会渴望告诉其他人，希望他们也得到同样的惊喜。甚至，信息中流露出强烈的感情也很重要，因为我们都会对热情的说话者做出很多的回应。消息与每个人的相关性和重要性也十分重要，因为人人都想成为消息的传播者，无论是好消息还是坏消息。你注意过头条新闻在社交网站上的传播速度有多快吗？

现在，大家都看视频短片，甚至很多人靠此过日子，他们学习新技能，笑谈有趣的情景，窥视别人的私生活。很不幸的是，太多的人将YouTube上的视频当作消息的来源，或者说是"事实真相"，然而这些视频可能和我们的大众媒体所呈现的信息一样都是不真实的，并且无法溯源，其可靠性可能还不如后者。

负面信息

虚假信息，是指在意外情况或缺乏监督的情况下传播的错误信息。人们获取某些毫无根据或未曾证实的消息，然后将它传播出去。在这个传播的过程中，没有人会花时间对消息的正确性进行调查，直到最后，才有人把问题推向疯狂传播的波涛汹涌之态，通过寻找事情的真相，让虚假的信息止步于半路中，

第八章 我们生活的故事：当今社会的观点如何转化为未来"病毒式"传播的神话

不再传播下去。与此同时，我们从虚假信息中接触到的一切，往往是权威人物对错误信息进行的有目的的传播。政府、媒体和企业出于它们的动机和企图进行宣传活动，它们想要我们更相信某件事。虽然，关于阴谋诡计的传闻总会招致很多白眼，但事实是，我们无法时时刻刻获得所有信息。所以，最后我们传给下一代的只是我们所获取的那部分信息。

但是，这就是真相吗？

宣传活动，是指一种带着目的进行说服的系统形式，它通常具有某些思想、政治或者商务的目的，借由受控的大众媒体和直接媒体渠道对（无论是否真实的）单方面的信息进行传播，意图影响指定目标受众的情感、态度、观点和行为。宣传组织者雇用致力于宣传的宣传者，他们将这种说服的形式，进行应用创新，并扩散开来。

——理查德·艾伦·纳尔逊

摘自1996年《美国宣传的年代和词汇表》

罗恩·帕顿发表过《偏执狂的杂志》，也是《狂妄会议》的制片人。我们曾与他探讨了"我们听到的并不总是真相"等类似话题。

当今社会，虚假信息是如何被用来影响什么样的信息会在网络上疯传？

罗恩·帕顿：

　　虚假消息，就是故意散播的错误的、不准确的信息，主要通过因特网和媒体传播。因为大众对社交网站是那么迷恋，因此，这也就成了推广这种宣传的可行之路，目的就是创造看起来有根有据、可信的虚假理论。但事实上却是无法证实的。与此相似的是，误传是虚假消息的一种派生物，让有误的信息在无意中被不知情者传播。

　　在世界大战期间，宣传活动在鼓动群众反抗敌人方面发挥了重要的作用。那如今，宣传活动在我们生活中扮演着怎样的角色呢？而又是谁让它一直延续至今呢？

罗恩·帕顿：

　　宣传就像那些科技产品一样，其使用次数呈指数形式增长，比如，电视、电脑、手机等。民众脑袋里的"信息超负荷"，就更有可能被操控。过多信息可能会产生困惑或者脱敏现象。采用这种方法的罪魁祸首还是主流媒体。从"知更鸟计划"起，宣传活动开始变得有组织，可系统化进行。这是中情局在19世纪50年代开始进行的一项计划，通过在主流新闻网站里策略性地安排特工对媒体进行影响。主要目的就是：制造忧虑，引起恐慌，从而导致敏感的社会不能正常运行；通过对一个人或者一个组织或者一种行为进行不正义的挑战，进行人身攻击；通过轻微改变或制造确凿的历史信息，篡改历史事实。在特定问题上，也会

第八章 我们生活的故事：当今社会的观点如何转化为未来"病毒式"传播的神话

使用"围堵政策"来隐瞒重要事实。

什么是暮语？它是如何影响呈现给公众的想法和信息？能举一个近期暮语运用的例子吗？

罗恩·帕顿：

> 暮语源于坦陀螺，意为"秘密的语言"。它被视为深奥的启蒙传统。阴谋研究员、作家詹姆斯·谢尔比·道尔德，通过检查暮语背后隐藏的含义，以及其与名称学（研究的名字）、地名学（研究的地方）和数字学（研究的数字）之间存在的同步而神秘的联系，在现代视角上延伸了概念。道尔德把暮语称为"象征的科学"。《模仿效应学说》的作者洛伦·科尔曼深入细致地分析了近期发生的惨痛事件，比如奥罗拉和桑迪·霍克的枪击事件。他也指出了关于波士顿马拉松爆炸事件的惊人联系。其中最显眼的是时间发生的日期——4月19日。他描述说："这是一个4月19日和4月20日暴力频发的时期（4月19日是韦科市和俄克拉荷马城爆炸案纪念日；4月20日是希特勒的生日和哥伦比亚枪击案的纪念日）。4月19日纪念亡于韦科市和俄克拉荷马城爆炸案的死者。相对于独立战争、民兵死亡和过去的学校暴力事件，这个纪念日更久远。"

如今，说到病毒性信息，如何将认知失调论和黑格尔辩证法融入公众观念呢？

罗恩·帕顿：

　　黑格尔辩证法由三个阶段的发展构成：首先提出论点，引起反应。其次提出相反观点，反驳或否定原论点。最后结合两个观点解决矛盾。当代阴谋理论家戴维·伊克和亚历克斯·琼斯简化了这个模型为"问题—反应—解答"。而当一个想法或信念与我们的模范或者世界观发生冲突时，认知失调是一个否定机制。这在我们的两党——共和党和国民党的两党制政治体系中已经得到验证。虽然它们在思想上是相对的，但是关键的政策除了微小的差别之外，根本上是一致的。因为大多数人以线性思维进行思考，这种"雾里看花"的方法能够有效阻止当思维跳出"条条框框"之后而受到伤害。

　　阴谋一般基于事实，就像告诉人们"烟雾往往说明着火了"一样。那么，我们要怎样学会在阴谋论里甄别事实呢？

罗恩·帕顿：

　　首先，大部分人需要理解阴谋的意思。总的来说，阴谋就是某些人为了做违法有害的事情而制订的一个秘密计划。自人类存在以来，它就不断发生着，并且存在于社会的各个领域：宗教信仰、政治、贸易和家庭。当我们越来越擅长整体看问题，并能够结合演绎和归纳推理的时候，我们就能克服怀疑和语义的阻碍，更好地理解隐藏在一连串阴谋里的内在复杂性。

第八章 我们生活的故事：当今社会的观点如何转化为未来"病毒式"传播的神话

"谣言……"

所以，我们的祖先也会成为受害者吗？他们也会把他们受误导的信息、虚假的信息和宣传手段传给我们吗？包括那些我们现在视为真相以及真实过往历史的部分？事实上，对于那些希望了解过去的人而言，选择性获取信息，总会成为他们的挑战。总会有一天，未来的人们会基于他们所掌握的有效信息去猜测我们的生活，以及那些对我们来说十分重要的东西。我们都知道谣言和流言蜚语的威力。在1944年出版的《心理的谣言》(*A Psychology of Rumor*) 一书中，作者罗伯特·纳普分析1 000多个在第二次世界大战期间散播的谣言，这些谣言原载于《波士顿前锋报》(*the Boston Herald's*) 的"谣言诊所"专栏里。纳普将谣言定义为：

一个在没有得到官方证实情况下散播的、只做局部参考意见的命题……所以，广泛地定义谣言，仅仅是一种非正式社交的特殊情况，包括了神话、传说与笑话。神话和传说的特别之处在于它们对主题的强调。笑话的目的是引人发笑，而谣言则意在说服人们相信一件事。

他分析说明了谣言的3种类别（用我们现在的说法举例说明）：

1. 不切实际的谣言反映出公众的愿望和向往的结果（比如，日本的石油储备量很少，因此第二次世界大战会很快结束）。现在的版本就会变成恐怖主义最终被铲除的谣言，因为基地组织的所有成员已经被歼灭了。

2. 可怕的人和恐惧的谣言反映出了可怕的结局（比如，即将到来的敌人的突袭）。今天的版本是，因为一家石油精炼厂起了一场大火，媒体认为加油站前将排起长队。

3. 挑起纷争的谣言意图破坏集团忠诚和人际关系（比如，美国天主教徒设法逃避服役）。如今的说法就是，在法院宣布对种族歧视起诉案的裁决之后，媒体建议市民离开城市，躲避可能出现的种族骚乱。

纳普发现，负面的谣言相对于积极的谣言更容易发生病毒式传播，但要牢记，这和那些发生病毒式传播的想法正好相反。通常，如果某些观点是正面的、积极的，才更有利于它的传播。然而，如果负面谣言能够煽动恐惧，它们会包含更多情绪上的打击。现在，谣言的产生常常牵涉名人、运动员和政治家以及他们不道德的行为，而这些行为让公众非常敏感的同时，谣言可能还会牵扯那些引起暴力或愤怒反应的关于种族的新闻条目。在总统选举或议会选举期间，谣言四散，让公众处于困惑状态，还要从茫茫一堆误导、虚假信息和宣传活动中去辨别他们相信的是对还是错。

还记得第一章里的模因吗？理查德·布罗迪在《思想的病毒》(*Virus of the Mind*) 中写道："当你说服别人相信一些模因，那么你就可以让他们的余生按照你的想法去生存。"正如那句古老的谚语所说的，每一个故事都有三个角度：你的视角、他们的视角以及事实的真相。

回溯1938年，当时收音机是唯一的传播工具，如果传播了

第八章 我们生活的故事：当今社会的观点如何转化为未来"病毒式"传播的神话

被误认为是事实的故事——谣言，就会导致大面积的混乱和无序。那么想象一下，如果使用我们熟知的现代沟通方式，会发生什么呢？2011年"9·11"恐怖袭击事件发生时，我们发现了一些可能性。但从那以后，社交网站迅速扩张。当今社会，像那种量级的事件肯定会造成世界性的恐慌，与我们经历过的任何事情都不一样。再举一个例子，2012年12月21日到来之前，我们也体会到了那种感觉，谣言声称玛雅日历真的存在，世界末日即将到来。然而，任何事情都没有发生。但如果真的发生了，我们只能猜测病毒式疯狂传播的信息是如何改变了世界，即使大部分仅仅基于猜想、谣言、恐惧和癔症。

也许下一个提出的问题是：我们此时正在创造的什么，在未来的某一天会变成我们时代的疯狂传播的神话？

我们今天创造的信息，有两种主要类别将会传递给子孙后代：

1. 个人的信息。我们用以下形式留下了我们的私人生活，有书信、电子邮件、文本、故事（无论是口头，还是书面）、邮件和社交网站上的图片、衣物、书籍、音乐、爱好，以及居住的家、陈设的艺术品、穿孔和刺青等身体艺术，我们无论在书写、画画还是编织方面创造性的成果，遗传给孩子的身体特征和行为特征、车和运输方式、消费的食物和饮料、运用的技术、买来娱乐或实用的东西，包括DVD、玩具、游戏、家居装饰、园艺和宠物护理——甚至是我们留下的垃圾。

2. 集体信息。作为一个种族，我们留下了这些东西：新闻头条和故事、社交网站、时尚趋势、漫画书和连环画册、电视节目、电影、我们非常喜爱的畅销书、邻居、公园、沙滩和自然风景、餐厅、建筑物和图书馆、音乐庆典和节日、艺术表演、博物馆和剧场、夜总会和赌场、枪支和旗帜、和平标志和抗议符号、摇滚明星和媒体明星、我们崇拜的享有盛誉的名人、教堂、清真寺、寺庙和异教徒的圈子、飞机场、火车站、地铁站和空间站。

你现在了解情况了吧。在社会中,作为人类,我们所参与的一切,无论是地域性的,还是全球性的,都会成为一片片充满历史信息的拼图。直到某天,有人把它们重新拼凑起来。所有这些拼图碎块都提供了信息,从我们选举谁来当总统,到哪些国家发生战争,到谁主办奥林匹克运动会、2011年我们喜欢用什么牌子的衣服洗涤剂、2013年哪个电视节目会成为我们最喜欢的真人秀。这些都很重要,在未来的某一天都可以发挥某些作用。

我们始终还不太明白为什么要建金字塔、是谁建起来的,谁杀死了约翰·肯尼迪,以及政府到底知不知道UFO,无论是1947年,抑或是现在。无论我们挖掘得有多艰难,某些揭开疑团的线索始终都在回避着我们,也许直到我们临死的那一刻,它们还在回避着我们,直到我们获取了足够的信息,能够回答某个亟待解决的问题。并不是每一则信息在传播的路途中,都能一直留存下来——即使留存下来,也未必一切信息都对文明有意义,有一些信息并不具有真正的参考价值,那些学者所做

第八章 我们生活的故事：当今社会的观点如何转化为未来"病毒式"传播的神话

的只不过是将手头所掌握的碎片组合起来，拼成一幅拼图，从而进行推测。

未来的发掘

举个例子，在 1 000 年以后，学生们在发掘一个曾被称为纽约市的考古地点时，偶然发现 5 件东西：一批储藏的色情杂志、一打巧克力包装纸、一件工装 T 恤、一本《麦田里的守望者》和一副在当地游乐场玩海盗骑赢得的纪念眼罩。这些东西都会被未来的人们视为文物，并且学生们会根据这些创建一个场景，把它们串联起来，并描绘出一个更大、更完整的"在 21 世纪，一个来自纽约的家伙"的版本。然而，有多少信息缺失了呢？如果他们还搜集到他的电脑或手机，能想方设法找出获得他的信息和电子邮件，他们就能对他的为人有更好、更全面的认识；如果学生们碰巧还找到了这个人费尽心力才购置的公寓，发现了他留下的衣服和家具，那么，这些学生才有可能得到关于这个人是什么样，过着怎样的生活的合适结论。

但不变的是，还是有很多细节错漏了。

这就是我们面临的问题，当努力找到并解读先人的想法和信息，还是有很多东西会被遗漏掉。接着我们研究、探讨，做出有把握的猜测，经常得到很接近事实的猜测，但还是有很多东西会错失。

多亏了手机和电脑技术，现在的我们即使需要在世界范围内进行交流也很方便；通过社交网站，我们可以把我们世界的一个小角落扩散，一直到世界范围。这种便利可以帮助我们跟之前从未联系过的人交朋友。人们运用这些便利越来越频繁，其频率甚至呈指数增长。如此一来，有些人最终不得不从大量的信息中进行筛选。上帝保佑他们。

　　祖先在洞穴壁、宏伟建筑、纪念碑、旧文献和卷轴上留给了我们很多遗迹，然而，它们中的很多都遗失了大量的片段。他们还留给我们歌曲和艺术、教堂和故事。他们赋予我们他们拥有过的一切，而我们仅仅获得了那些能够经受住时间考验的东西。然而，我们仍竭尽全力理解其中的含义。

　　因为最终，信息才是最重要的，所以我们处理的信息越多，我们就了解得越多。

结论

> 每一个发现,背后都有一个故事。一个关于人类的故事……
>
> ——2013年8月一尊埃及狮身人面像在以色列出土后,
> 博士研究生什洛米特·贝沙尔(Shlomit Bechar)
> 发表于美国有线新闻网

就像表面上看起来一样残酷,我们其实只是"一捆捆被绑好的信息",与其他信息互动,创造新的信息,然后将这些信息传达给我们身边的人,以及我们的后代。我们的整个生命进程就是为了告诉其他人,我们是怎样的人,想成为怎样的人,不仅仅作为个体,而且作为一个集体、一个物种。

从原始时代开始,也许古人利用了本书中所描述的所有理论和方法,来传播他们的思想、信仰和生活的故事。也许每种理论都是一块拼图,解决"我们是谁,我们会变成什么样"的问题。或许信息能以所有的这些方式传播,也以其他我们想不到的方式传播,仅仅是因为我们没有完全明白,人们留下这些线索背后的动机和目的。我们只能根据经验和想法去猜想：他们通过传说、艺术和建筑想告诉我们什么，展示什么。

讽刺的是，我们可能在传达信息的过程中一直在兜圈子。近日，作家、研究人员莱尔德·塞兰顿（Laird Seranton）在社交网站上指出："许多文化中的证据显示，宇宙论早于文字出现。宇宙论是通过可记忆的象征符号和象征性行为来呈现，通过这种方式，概念可以与图像和实物相联系。此后，随着文字的出现，很多既定的模型以及与之相关的概念，似乎都整体采用了象形文字的表达方式。但事实上，当今社会又退回到符号代表单词/首字母缩略词的状态，比如NBC（全国广播公司）或者CIA（中央情报局）。"

事情总是反反复复，周而复始，多么有趣啊！

信息就像一个从山上滚下来的雪球，下落的时候，附着的雪越来越多，也在变得越来越大。信息有时会自发地传播、接受、采纳、重组、转移、变化、变形、增加、编辑、删除，甚至隐藏起来，但它总能够保持滚下来的姿势，即使我们努力合理地诠释它。然后又一次，也许我们会因为自己成为怎样的人和自己相信的事情，而责怪母亲、外祖母和曾外祖母。在一篇题为《外祖母的经历在你的基因里留下印记》（*Grandma's Experiences's Leave a Mark on Your Genes*）(《探索杂志》2013年6月11日刊登)，作者丹·赫尔利（Dan Hurley）记录了与两位年轻科学家的见面——分子生物学家和遗传学家摩西·西夫（Moshe Szyf）以及神经生物学家迈克尔·米尼（Michael

结论

Meany）。他与这两位科学家在马德里就遗传学方面展开了生动的交谈，他们深入研究了先人的经历怎样遗传给我们，影响我们的行为，并改变我们脑部基因的外观遗传表达，这次交谈20年后出现在了研究报告中。

米尼在实验室试图量化，老鼠妈妈的喂养习惯如何对其后代造成终生影响。后来，他遇见了西夫，他们俩分别用活跃和不活跃的母鼠进行了一系列的实验。当幼鼠分别长大为成年老鼠时，他们研究了成年老鼠的海马区，也就是应激反应调节的地方。研究发现，在某些基因上存在着一些令人震惊的差异，这些基因的作用是调节对应激激素的敏感度。相比于鼠妈妈悉心照料的幼鼠，被忽视的幼鼠体内的应激激素存在更多的甲基化。这个团队继续进行了一些实验，来支持他们的研究结果，而实验结果均显示，导致老鼠大脑的表观遗传变异与它们被养育的方式以及父母的行为方式有着直接联系。他们的研究著作《通过母性行为对表观遗传进行改造》（*Epigenetic Programming by Maternal Behavior*）于2004年在《自然神经科学》（Nature Neuroscience）杂志上发表，之后也在很多报纸上刊登。这证明了幼鼠可以完全根据它们的成长过程获得一些附加的遗传表现。

2008年，该团队接着发表了一篇论文，将自杀者与突然死于其他原因的人的大脑进行对比，与疏于照顾或者成长于压力之下的老鼠大脑相比，人类的大脑也出现了相同的变化，两种情况下均出现了过量的甲基化基因。

那么，由于这些震撼人心的研究，我们是否应该把不良行为、习性和大脑模式归咎于我们的母亲,或者其他任何一个祖先的身上呢?以孤儿为对象的研究也显示,同样存在过量甲基化的结果,所以可能不仅仅是坏妈妈的典型表现,才会导致人类行为发生这样的变化。这个团队继续研究对比了出现相同表观遗传变化的实验,发现确实在大脑的某个特定区域存在,基因的活性会引起表观遗传变异,并进而影响了情感和智力的能力。

尽管如此,我们本身不仅仅会对压力做出反应,也不仅仅是我们固有行为的反映,以及我们选择如何去表达、学习和传递知识。尽管我们会受到祖先行为的影响,我们依然可以改变、进化,并得到治疗。在任何特定的情况下,知识的传输并不完全依赖于我们的感觉和行为,它只不过是另一片拼图而已。

不管我们的祖先为我们留下多少条线索,我们还是找不到完善过去历史的最后一块珍贵拼图。仅仅因为我们没有在那里,亲自见证它。而最让人受挫的是,我们永远无法真切地了解过去,除非可以重返那个想法和知识诞生的时代,一字一句问当事人为什么他们要记载神话,讲述传说;为什么他们要建造金字塔、圆石形结构和庞大的建筑;为什么他们要蚀刻浮雕;为什么他们崇拜爱慕自己的神;为什么这一切能够通过历史记载流传给现在的我们呢?

一旦信息流传到我们这一代,就取决于我们如何去解读这些信息。

如今我们有可能抵达火星,建立起人类的殖民地。我们仍

结论

然竭力去真切理解原始人用岩石艺术、岩画、符号和建筑努力告诉我们的东西。我们依然尽力去找对这个问题的一个切实的回答,为什么古代人建造他们恢宏的建筑和纪念碑;为什么他们要讲述他们的神话和故事;他们想要告诉我们,他们是怎样存在的,以及他们在宇宙万物间所处的位置。

很久以前,人们围坐在火炉旁讲故事。很久以前,人们利用图像试图表达出他们无法用言语表达的复杂的想法。很久以前,人们建造东西不仅仅为了建立居所,保护他们能在险恶的环境生存;他们建造东西,对他们信仰和敬畏的天空、土地、海洋、上帝和神明表示敬意。很久以前,人们观察大自然的现象,虽然没能理解其背后的科学,但他们构想出一个个美妙惊人的故事、神话和传说,来描绘他们正看到的景象。

这与我们现在所做的事情有多大区别呢?现今,我们玩着手机闲坐在一起,看着可笑愚蠢的图片。新闻事故爆发的时候,我们挤在一起看电视。我们听着收音机,哼唱着我们熟悉的歌曲。我们走进昏暗的电影院,沉浸在电影中,或者躲进博物馆,沉浸于艺术世界。我们继续利用着信息,不仅仅是为了体验眼前的世界,继续丰富着我们的经历,同时也将我们自己这个雪块加入那个越滚越大的雪球之中,在历史的画卷中,留下我们自己的一笔。

在发生重大灾难后,发掘骚乱和抢掠证据的同时,我们会因为《龙卷鲨》(*Sharknado*)被记住吗?汽车保险杠会被未来的考古学生挖掘出来?只是为了揭露我们"因车库大减价而刹车",导致"耶稣降临……看起来有多乱"或者"我的另一辆车是一把扫帚"?未来的学者会发现齐柏林飞艇乐队过时的T恤衫和稍微新潮一点的橘滋品牌的瑜伽裤吗?会发现贾斯汀·比伯的海报和泰勒·斯威夫特的午餐盒和运动队的纪念品、视频游戏盒埋在一起吗?会发现电影《星球大战》的万圣节服装和《星际迷航》的玩具炮、不爽猫的日历、《鸭子王朝》里的篮球帽、《花花公子》的杂志、积木、宠物石头、芭比娃娃和乐高玩具吗?他们会想知道这些东西对我们的生活来说是否很关键吗?以及作为一个集体,我们到底是谁?

像《白鲸》那样的小说将会与《五十度灰》(*50 Shades of Grey*)一起放在未来博物馆里,作为我们原始交流形式的代表,Kindle便携电子书阅读器也会陈列在那里,旁边还放着机器人和苹果手机(从现在算起,1 000年后,我们毫无疑问肯定将会使用心灵感应进行对话)。经典老剧《迷失》《办公室》《美国偶像》以及电影《矮子当道》《低俗小说》《走出非洲》和《活死人黎明》将会被好好欣赏。我们的电脑、汽车、子弹头列车、独栋别墅和私家车、摩托车、衣服、饰品、化妆品、化妆工具、珠宝和文身,这一切在未来的某一天,都将向某些人讲述我们的故事,不管是作为个体代表,还是整个物种。

正如我们回顾昨日的文字、符号、艺术和建筑,努力搞明白我们来自哪里一样,我们现在也不断地留下关于我们是谁的线索踪迹。我们鞋上的耐克标志、在堆满成千上万吨的废物填埋场里的麦当劳拱形标志、在现代科技上国际商用机器公司、

结论

苹果电脑和微软的标记,所有这些,有朝一日都会被好奇的眼光一一审视。

那些物品,没有一个可以完整讲述关于我们是谁的故事,而且大多数都会被后人诠释。但无论正确与否,到那时候,后世可能由于太先进而无法理解,我们如何生存在这样一个原始环境中。我们没有对自己留下的痕迹想太多,因为我们过于沉浸在自己当下的人生中。我们留下自己想留下的东西,我们的先人可能也曾经这样做过。除了那些秘密社团和某些设法将知识信息传递给后代的人外,大多数人或许不会留意这方面的线索。

也许从现在开始,我们应该多注意自己留下了什么,以免我们被视为他们当中最原始、最没有教养的文明。但相反,也许我们应该更致力于把自己的人生经营得更好,而不用太在意我们为未来的南茜神探或夺宝奇兵们留下了什么样的踪迹和线索。也许我们不应该太在意那些小事。

我们的文明将有可能因我们创造的更伟大、更辉煌的成就而被铭记,比如太空遨游、水中漫步、消除重大疾病以及科学、文化、艺术、医学、教育、最前沿的技术、洞察宇宙的望远镜、窥视隐藏量子世界的粒子对撞机等方面的成就。

如果沉浸于一些搞笑的猫咪视频,对那些试图了解和学习我们的后人而言,我们就是糟糕的文化。

后人将仔细探究那些传奇、故事、艺术、象征符号、建筑、纪念碑,以及我们留下的一切,寻找线索,找出背后的真相——我们做了什么、以什么样的方式去做、为什么要这样做。

然后他们会发出惊叹。

揭秘第七章的三张外星人图片

图 7-1	500 年至 800 年间,墨西哥特奥蒂瓦坎的一尊女性雕像。图片来自维基。
图 7-2	一个雕刻在圣米迦勒西墙上的中世纪绿人叶状头雕。图片来自理查德·克劳馥。
图 7-3	意大利撒丁岛西尼斯,一个被称为"蒙特山第一巨人"的青铜器时代雕像。图片来自德达洛·努尔。

致谢

玛丽和拉里想要感谢我们这位超级棒的代理莉莎·哈根（Lisa Hagan）。你是我们心目中的超级英雄，是你让一切成为现实！谢谢你，莉莎，感谢你所做的一切！感谢迈克尔（Michael）、劳里·派伊（Laurie Pye）以及新页图书（New Page Books）的团队，你们真的棒极了！又得到了一次传播福音和从中享受乐趣的机会，我们心存感激！感谢沃维克协会出色的团队，你们把书包装得这么棒！感谢所有对这本书做出贡献的人，谢谢你们奉献的时间和真知灼见。我们还要感谢粉丝、支持者、朋友以及广播电台的主持人和听众，甚至我们的敌人，是你们让这一切变得有意义，对此我们致以衷心的感谢！

玛丽致谢：

感谢我的母亲米莉（Milly）。你自始至终都站在我的身边，一直支持我、爱护我，为我做了一切作为母亲能做的事。如果没有你，我该怎么办？同时，我还要感谢我的父亲约翰（John）在天堂守护着我，对我微笑，感谢你教会我的一切。感谢我的妹妹安杰拉（Angella）——我最好的朋友。你是我的精神支柱和知心朋友，同时还扮演着很多角色！感谢我的弟弟小约翰，谢谢你的幽默和狂热！最后，感谢我亲爱的朋友、同事，还有闺蜜。没有你们，我该怎么办？

请允许我再次感谢拉里·弗拉克斯曼，感谢那些让我们碰撞出新想法的漫长讨论；感谢我们一起经历的欢声笑语；感谢我们互相扶持度过的艰难时光以及让我们激动不已的美好岁月；感谢那段漫长而艰难的工作期以及接下来等待回报的日子；也感谢你鼓励我往更深入、更广泛及更远大的方向思考，鼓励我挑战自己，做得更好，争取成为一个更优秀的人；更感谢开始一段新历险时，所有等待着我们的美好时光。我把一切珍藏于心底，未来我们将携手经历更多事！

最后，我要感谢我的儿子马克斯（Max），你是我的宇宙、我的太阳、我的月亮、我的心脏、我的灵魂。我所做的一切，都是为了你。

拉里致谢：

我的生命中曾出现过那么多让人惊叹的人物。想要将这些人勉强挤入几段文字中，是不可能的。请相信，我永远心存感激。如果我漏掉了你的名字，请允许我先道个歉。

首先，我想感谢我的母亲希拉（Sheila）和父亲诺曼（Norman）。你们陪伴我度过了一段如此有爱的童年，精心呵护，悉心栽培。毫无疑问，那些成长的岁月，逐渐让我具备了一些品质和特征，将我塑造成如今的模样。能成为你们的儿子，

致谢

我感到非常荣幸,我以你们为榜样。我没有一天不惦念你们的音容笑貌,我爱你们,这份爱用言语无法表达。期待我们在"网格"中团聚的那一天。

我也要感谢我的太太艾米丽(Emily),感谢她的理解和包容,我经常忙得日夜颠倒,频繁地出差也让人难以忍受。我甚至无法想象这有多难熬!

此外,我还要特别感谢所有的朋友、支持者、同事和协会,感谢你们给我提供建议、点评、想法和动力,是你们让无眠的漫漫长夜变得值得!

对于玛丽·D.琼斯,我甚至都不知道该从何说起。回首过去的那6年,我不断为我们俩一起完成的事业而感到惊叹。我们绝对是一个了不起的组合!尽管我们去年都承受了沉重的打击,但是我们都挺了过来。我们不仅督促、激励、鼓舞其他人,彼此之间也互相鼓励。我真心感谢你出现在我的生命里。你真是一个超级棒的朋友,我很荣幸不仅有你这位朋友,还能与你并肩工作。

最后,我要感谢我生命中最重要的一个人——我的女儿玛丽·艾莎(Mary Essa)。我为有你这样的女儿而感到自豪。没有任何语言能够表达你对我的重要性。每当我望着你的眼睛,就好像看到自己的心灵之窗。你想知道的一切,也正是我对生命的诉求。我期待与你共同经历更多惊心动魄的历险。我爱你胜过我的生命!

参考文献

"Ancient Graffiti Sheds Light on Daily Life." *Archeology News Network,* April 19, 2013.

Baer, Drake. "Harvard Professor Finds That Innovative Ideas Spread Like the Flu: Here's How to Catch Them." *Fast Company,* 2013.

Balter, Michael. "Prehistoric Painters Planned Ahead." *Science Now,* October 13, 2011.

Brodie, Richard. *Virus of the Mind: The New Science of the Meme* (Carlsbad, Calif.: Hay House, 1996).

Brunvand, Jan Harold. *The Study of American Folklore: An Introduction* (New York: W.W. Norton and Co., 1998).

―――. *The Vanishing Hitchhiker: American Urban Legends and Their Meanings* (New York: W.W. Norton and Co., 2003).

Bullfinch, Thomas. *Bullfinch's Mythology* (New York: HarperCollins, 1991).

Campbell, Joseph. *Myths to Live By* (New York: Bantam Books, 1978).

―――. *The Power of Myth* (New York: Doubleday, 1988).

―――. *The Way of the Seeded Earth* (New York: Perennial, 1988).

Christy-Vitale, Joseph. *Watermark: The Disaster That Changed the World and Humanity 12,000 Years Ago.* (New York: Paraview Pocket Books, 2004).

Coppens, Philip. *The Ancient Alien Question: A New Inquiry Into the Existence, Evidence and Influence of Ancient Visitors* (Franklin Lakes, N.J.: New Page Books, 2011).

参考文献

De Santillana, Giorgio, and Hertha von Dechend. *Hamlet's Mill: An Essay Investigating the Origins of Human Knowledge and its Transmission Through Myth* (Boston, Mass.: David R. Godine, 1992).

DiSalvo, David. "Your Brain on Buzz: Why Some Ideas Go Viral and Others Go Nowhere." *Forbes,* July 6, 2013.

Dundes, Alan. *Folklore Matters* (Knoxville, Tenn.: University of Tennessee Press, 1993).

———. *Interpreting Folklore* (Bloomington, Ind.: Indiana University Press, 1980).

Eliade, Mircea. Translated by Philip Mairet. *Images and Symbols* (Princeton, N.J.: Princeton University Press, 1991).

Eliade, Mircea. *Myth and Reality: Religious Traditions of the World* (Long Grove, Ill.: Waveland Press, Inc., 1998).

Elliot, Alexander. *The Universal Myths: Heroes, Gods, Tricksters and Others* (Harrisburg, Va.: Meridian, 1976).

Frazer, Sir James George. *The Golden Bough* (New York: Touchstone, 1922).

The Folk Lore Society. "First Annual Report of the Council," featured in *The Folk Lore Record* 2, No. 1, 1879.

Frazier, Kendrick, Editor. *The Hundredth Monkey and Other Paradigms of the Paranormal* (New York: Prometheus Books, 1991).

Godin, Seth. *Unleashing the Ideavirus* (New York: Hyperion Books, 2001).

Halpern, Derek. "Creating Viral Content? The Secret is Get Contagious." *SocialTriggers.com,* June 2013.

Hamilton, Edith. *Mythology* (Boston, Mass.: Little, Brown and Company, 1942).

Hancock, Graham. *Fingerprints of the Gods: The Evidence of Earth's Lost Civilization* (New York: Three Rivers Press, 1996).

Haze, Xaviant. *Aliens in Ancient Egypt: The Brotherhood of the Serpent and the Secrets of the Nile Civilization* (Rochester, Vt.: Inner Traditions, 2013).

Hieronimus, Robert, and Laura Cortner. *The United Symbolism of America: Deciphering Hidden Meanings in America's Most Familiar Art, Architecture, and Logos* (Franklin Lakes, N.J.: New Page Books, 2008).

Hurley, Dan. "Grandma's Experiences Leave a Mark on Your Genes." *Discover Magazine,* June 11, 2013.

Jacquet, Jennifer. "How Culture Drove Human Evolution: A Conversation With Joseph Henrich." *Edge Magazine,* 2012.

James, E.O. *Creation and Cosmology: A Historical and Comparative Inquiry* (Boston, Mass.: Brill Academic Publishing, 1997).

Jarus, Owen. "Visible Only From Above, Mystifying Nazca Lines Discovered in Mideast." *LiveScience,* September 2011.

Kenyon, J. Douglas, editor. *Forbidden History: Prehistoric Technologies, Extraterrestrial Intervention and the Suppressed Origins of Civilization* (Rochester, Vt.: Bear & Co., 2005).

LaViolette, Paul A. *Genesis of the Cosmos: The Ancient Science of Creation* (Rochester, Vt.: Bear & Co., 2004).

Lockett, Dr. Michael. "The History of Storytelling." From *The Basics of Storytelling,* www.mikelockett.com, 2007.

Lynch, Aaron. *Thought Contagion: How Belief Spreads Through Society* (New York: Basic Books, 1996).

Lynn, Dr. Heather. *Anthrotheology: Searching for God in Man* (Midnight Crescent Publishing, 2013).

Naudon, Paul. *The Secret History of Freemasonry: Its Origins and Connection to the Knights Templar* (Rochester, Vt.: Inner Traditions, 2005).

Possel, Markus, and Ron Amundson. "Senior Researcher Comments on the Hundredth Monkey Phenomenon in Japan." *Skeptical Inquirer,* May/June 1996.

Pye, Michael, and Kirsten Dalley, eds. *Exposed, Uncovered and Declassified: Lost Civilizations and Secrets of the Past* (Pompton Plains, N.J.: New Page Books, 2012).

Roberts, Scott Alan. *The Rise and Fall of the Nephilim: The Untold Story of Fallen Angels, Giants on the Earth, and Their Extraterrestrial Origin* (Pompton Plains, N.J.: New Page Books, 2012).

Rogers, Everett. *Diffusion of Innovations, Fifth Edition* (New York: Free Press, 2003).

Sams, Gregory. *Sun of God: Discovering the Self-Organizing Consciousness That Underlies Everything* (San Francisco, Calif.: Weiser Books, 2009).

Scranton, Laird. *The Cosmological Origins of Myth and Symbol: From the Dogon and Ancient Egypt to India, Tibet and China* (Rochester, Vt.: Inner Traditions, 2010).

———. *Sacred Symbols of the Dogon: The Key to Advanced Science in the Ancient Egyptian Hieroglyphs* (Rochester, Vt.: Inner Traditions, 2007).

———. *The Science of the Dogon: Decoding the African Mystery Tradition* (Rochester, Vt.: Inner Traditions, 2006).

Shanks, Herschel. "What Brings You Here?" *Biblical Archeology Review*, July/August 2013.

Sitchin, Zecharia. *There Were Gods Upon the Earth: Gods, Demigods, and Human Ancestry: The Evidence of Alien DNA* (Rochester, Vt.: Bear & Co., 2010).

Smith, Matt. "Ancient Tennessee Cave Paintings Show Deep Thinking By Natives." *CNN.com,* June 21, 2013.

Stewart, Pete. *The Spiritual Science of the Stars: A Guide To the Architecture of the Spirit* (Rochester, Vt.: Inner Traditions, 2007).

Thagard, Paul. "Hot Thought: Why Memes Are a Bad Idea." *Psychology Today,* January 2013.

Von Daniken, Erich. *Odyssey of the Gods: The History of Extraterrestrial Contact in Ancient Greece* (Franklin Lakes, N.J.: New Page Books, 2010).

Von Franz, Marie-Louise. *The Interpretation of Fairy Tales* (Berkeley, Calif.: Shambhala Books, 1996).

Watts, Duncan J. *Everything Is Obvious: Why Common Sense Fails Us* (New York: Crown Books, 2012).

Woollaston, Victoria. "America's Oldest Cave Paintings Found, Dating Back Six Thousand Years." *UK Mail* online, June 18, 2013.

索引

（条目后的页码为本词条出现在原英文版书中的页码）

Aboriginal rock art, 63-64
African rock art, 64-65
Akashic Field, 214
alchemical pursuits, Rosicrucian, 185-186
aliens, ancient, 200-218
alphabet, history of the, 83-84
alphabetic writing, 83
ancient artisans, 188-189
anthropomorphism, 59
Antikythera Mechanism, 150-152
anti-memes, 37-39
Archaic Period, 75
archetypes, 211
archetypes,
    myths and, 99-100
    religion and, 45

art, primitive, 62-63
artisans, ancient, 188-189
association memes, 36-37
astronauts, ancient, 200-218
astronomy, 105-106
Axis Mundi motif, 101
Baghdad Battery, 149-150
Baigong Pipes, 164-165
ballads, 141-146
Bible codes, 194-195
Blombos Cave, 62
Bloody Mary, 126
Book of Life, 214
Bosnian Pyramid, 166-168
Brotherhood of Death, 180
Brothers Grimm, the, 140-141
Buddha, 93

索引

Cathars, 172-174
cave art, North American, 58-62
cave paintings, 54-57
Chauvet-Pont-d'Arc Cave, 55-56
Chumash Indians, 58
Classical Period, 75
codes,
    hidden, 193-194
    morals and, 91-92
cognitive fluidity, 46
collective unconscious, 210
comparative mythology, 97-102
contagious magic, 137-138
Context, 43
Coso Artifact, 154-156
Crowley, Aleister, 181
cultural evolution, 30-32
Cumberland Plateau, 58, 60
Darwin, Charles, 30-31
Dendera light bulb, 152-153
diffusion, 40-41
distinction memes, 36
DNA, 46-49
Dogon tribe, 205, 212-214
Dunbar Cave, 60
80/20 Principle, 42-43
El Castillo cave paintings, 54-55
epigenetics, 48-49
esoteric teachings, 171
esotericism, 171
evolution, cultural, 30-32
fables, 119-120
fairytales, 138-140
fields and grids, 214-217
folk tales, 131-134
folklore, 131-134
Freemasonry, 186-188
genes, information and, 34
geoglyphs, 65
Geometric Period, 75
Georgia Guidestones, 156-161
Ghost Car, 126
Gobekli Tepe, 207
graffiti, origin of, 60-61
Great Flood myth, 89-91
Great Pyramid, 166-168
Greek art, evolution of, 74-77
Green Man motif, 100
grids, fields and, 214-217
Hellenistic Period, 75
history, oral, 29
Hundreth Monkey Effect, 44-45
idea transmission, 35
ideographic writing, 82-83

255

Illuminati, 181-182
images, hidden, 193-194
information, 27-29
    definition of, 28
    genes and, 34
    passing on, 29
Inquisition, the, 171
intaglios images, 65
Jesus model, 92-97
Johnny Appleseed, 128-129
Jumping Jesus, 44, 51-52
Kensington Runestone, 162-163
King Solomon, 189-190
Knights Templar, 178-179
Krishna, 94
landscape art, 65-67
Lascaux cave paintings, 56-57
Lass Gaa'l cave paintings, 55
Law of the Few, 42-43
legends, 121-124
Library at Alexandria, 197-198
literal truths, 112-115
logographic writing, 83
magic, contagious, 137-138
Mannerbund, 180-182
Marchen Und Sagen, 120-121
Masonic history, 192-193

mass consciousness, 44-45
meme transmission, 35
memes, 32-34
    association, 36-37
    distinction, 36
    strategy, 36
memetics, 32-34
mental networks, 39-40
Mesopotamia, 118-119
Mesopotamia, 80-81
mind viruses, 34-37
misinformation, 226-228
monomyth, path of the, 98-99
morals, codes and, 91-92
motifs, common, 88-91
Mud Glyph Cave, 60
multiple discovery, 44-45
myth and psyche, 102-104
myth, definition of a, 85-86
mythology, comparative, 97-102
myths,
    archetypes and, 45
    categories of, 87-88
Nazca Lines, 66
Nephilim, 109-112
Nestor Cup, 61
North American cave art, 58-62

nursery rhymes, 141-146
Object of Aiud, 163-164
occult teachings, 171
ochre, history of, 69-70
Opus Dei, 181-182
oral history, 29
outbreak, pattern of, 43-44
paleocontact, 201
parables, 119-120
petroforms, 62-63
petroglyphs, 62-63
petrographs, 62-63
pictograms, 63
pottery, history of, 71-72
primitive art, 62-53
proto-writing, 82-83
psyche, myth and, 102-104
Puma Punku, 207
Rake, the, 126
religion, archetypes and, 45
Rennes-le-Chateau, 174-178
Roman and Greek art, 75-76
Rosicrucian alchemical pursuits, 185-186
Rosicrucians, 182-185
Rosslyn Chapel, 190-193
Rosy Cross, 183-184

rumors, 229-233
Saqqara Bird, 153-154
secrets and societies, 170-172
serpent motif, 101-102
Sitchin, Zecharia, 205
Skull and Bones, 180
Slenderman, 126
snake motif, 101-102
social system, individual, 41
societies, secrets and, 170-172
Solomon's Temple, 189-190
songs, 141-146
spirits, symbols and, 63-67
steganography, 193
Stickiness Factor, 43
stories, visual, 53-57
strategy memes, 36
Sumerians, 80-81
syllabic writing, 83
symbols,
    common, 88-91
    spirits and, 63-67
tarot cards, 195-197
themes, common, 88-91
tipping points, 41-44
totem poles, 67-69
3-D art, 77-78

truths, literal, 112-115
Tsoukalos, Giorgio, 203
UFOs, 202
urban legends, 124-128
Venus of Berekhet Ram, 71
viruses, mind, 34-37

visual stories, 53-57
von Daniken, Erich, 204-205
Westcar Papyrus, 118-119
Winnemucca Lake, 65
World Tree motif, 101
Zero Point Field, 214-215